300 Tipps für einen schönen Tag
von Flensburg bis Kiel

300 Tipps für einen schönen Tag von Flensburg bis Kiel

Hans-Dieter Reinke
Daniel Hugenbusch

Ellert & Richter Verlag

Inhalt

Vorwort

Die Ostseeregion zwischen Flensburg und Kiel ist bekannt für ihre weit ins Land ziehenden Förden, stillen Buchten und langen Sandstrände, die bisweilen von bewaldeten Steilufern, Salzwiesen, Strandwällen, Strandseen und Nooren unterbrochen sind. Es entwickelte sich eine wundervolle, sanft hügelige Landschaft, die sich ins Binnenland mit den Naturparken Schlei, Hüttener Berge und Westensee fortsetzt. Hier kommt der Naturfreund auf seine Kosten und kann die Vogelwelt der Ostsee oder die Lebewelt der Knicks, Moore und Sümpfe des Binnenlandes erkunden oder einfach die abwechslungsreiche Landschaft genießen. Radfahr- und Wandermöglichkeiten auf ausgewiesenen Ferntouren und Rundstrecken sind reichlich vorhanden.

Maritime Impressionen sind in den Hafenstädten Kiel und Flensburg, aber auch in Eckernförde, Kappeln und Schleswig mit ihren Werften, Schifffahrtsmuseen, Hafenrundfahrten, Fähr- und Kreuzfahrtschiffen ebenso garantiert wie mit den auf dem Nord-Ostsee-Kanal vorbei gleitenden riesigen Hochsee-Frachtschiffen. Auch abseits der Städte säumen kleine Marinas,

schmucke Leuchttürme und gastronomische Einrichtungen den Weg. Vom noblen Fischrestaurant über das kleine Geheimtipp-Lokal, dem abgelegenen Landgasthof bis zur Fischbrötchenbude an der Ecke – alles das wird angeboten.
Die Region ist reich an mittelalterlichen Kirchen, Wasser- und Windmühlen sowie steinzeitlichen und bronzezeitlichen Grabhügeln und Gräbern. Sie gilt es ebenso zu entdecken wie die Museumslandschaft, die alles vom kleinen Dorfmuseum und der Privatsammlung in Angeln bis hin zu den Landesmuseen im Schloß Gottorf, dem zum Weltkulturerbe der UNESCO gehörigen Wikingermuseum Haithabu in Schleswig und dem Freilichtmuseum in Molfsee bei Kiel umfasst. Hier wird das Leben früherer Zeiten in Schleswig-Holstein im authentischen Ambiente eindrucksvoll gezeigt.
Hübsche reetgedeckte Häuser wie an der Schlei und beeindruckende Schlösser, herzogliche Residenzen und Herrenhäuser sind zu bestaunen. Bekannt sind das Wasserschloss bei Glücksburg, die Herrenhäuser in Ludwigsburg, Louisenlund, in Altenhof oder die drei Schlösser am Westensee.
Auch für Kinder, Familien und Erholungsuchende hat die Region Einiges anzubieten: Bade- und Wassersportspass am Ostseestrand, an den Seen oder in einem der Badeparadiese sind ebenso unterhaltsam wie Schiffstouren, die Freizeit- und Kletterparks, interaktive Museen, die Tierparks und Aquarien oder Veranstaltungen wie die Wikinger- und Piratentage Vom kleinen Dorffest über angesagte Musikkneipen und kleine Festivals bis hin zum renommierten Schleswig-Holstein-Musik-Festival und dem größten Volksfest im Norden, die Kieler Woche, ist alles vertreten. Für den Kunstfreund geht das Angebot von der kleinen Galerie um die Ecke über die Kunstmuseen der Städte bis hin zu einer der größten Ausstellungen zeitgenössischer Kunst, der NordArt in Rendsburg.
Man kann in dieser reizvollen Region problemlos einen schönen Tag, ebenso viele schöne Tage oder ein ganzes Leben verbringen.
In diesem Sinne
Moin!

Ihre
Hans-Dieter Reinke und
Daniel Hugenbusch

Flensburg

1 **Erleben**
Flensburg

Unter Dampf auf die Flensburger Förde

Das Dampfschiff *Alexandra* ist ein Schmuckstück des Flensburger Hafens, sowohl, wenn es im Hafen liegt, und erst recht, wenn es unter Dampf den Hafen und die Förde entlangtuckert. Die *Alex*, wie sie auch gern genannt wird, wurde 1908 in Hamburg gebaut und von Prinzessin Alexandra zu Schleswig-Holstein-Sonderburg-Glücksburg getauft. Die *Alexandra* war meist auf der Flensburger Förde unterwegs und bei den olympischen Segelwettkämpfen, die zweimal in Kiel stattfanden, als Regatta-Begleitschiff mit dabei. 1975 außer Dienst gestellt, drohte sie verschrottet zu werden, aber ein Förderverein nahm sich ihrer an. Noch heute kümmert sich der „Förderverein Salondampfer Alexandra e. V." um den Oldtimer, der seit 1990 als fahrendes historisches Schiff unter Denkmalschutz steht und als maritimes Wahrzeichen der Stadt gilt. Eine Fahrt mit dem letzten seegängigen Dampfschiff in Deutschland, die von Mai bis Ende September buchbar ist, gehört zu den besonderen Erlebnissen eines Flensburg-Aufenthaltes.

Salondampfer Alexandra
Schiffbrücke 37 (im historischen Hafen)
24939 Flensburg
T. 0461 18 29 18 05
www.dampfer-alexandra.de

2 **Entdecken**
Flensburg

Wahrzeichen und ehemaliger nördlicher Stadtzugang

Dereinst endete die Stadt am heutigen Nordertor, das 1595 erbaut wurde und 200 Jahre lang für den Schutz und den kontrollierten Zugang zur Stadt von Norden aus zuständig war. Der Renaissancebau mit seinem roten Backstein, den Stufengiebeln und dem Durchfahrt-Torbogen ist das letzte erhaltene Stadttor Flensburgs und das Wahrzeichen der Stadt. Und fast wäre es auch gegen Ende des 19. Jahrhunderts abgerissen worden, weil es einigen Bürgern der Stadt als Verkehrshindernis galt. Die beiden Tafeln über der Nordseite des Tores zeigen links das Wappen des dänischen Königs Christian IV (1577–1648) und rechts das Flensburger Stadtwappen.

Nordertor Flensburg
Am Nordertor/
Nordertorstraße 151
24939 Flensburg
T. 0461 90 90 920

3 Entdecken und Genießen
Flensburg

Ein beliebter und belebter Platz aus der Stadtgründerzeit

Etwa am nördlichen Ende der Fußgängerzone liegt der Nordermarkt mit seinem 1758 erbauten Neptunbrunnen im Zentrum und einer hübschen Kulisse alter Gemäuer. An einem schönen

Sommertag haben die gastronomischen Betriebe Tische und Stühle im Freien postiert und man kann bei einem Kaffee, Tee oder Mineralwasser dem munteren Treiben zusehen und vorbeiflanierende Passanten beobachten und natürlich auch selbst gesehen werden. Hier befinden sich zum Beispiel das Café Central Flensburg, die Havanna Bar, das Café Kritz, und das Spanische Restaurant La Tasca mit großem Tapas-Angebot. Das Rumhaus Johannsen aus der Zeit des Nordlandhandels in der Marienstraße besitzt einen eindrucksvollen Treppenturm.

Nordermarkt
24937 Flensburg

4 Erleben
Flensburg

Physik und Naturwissenschaften zum Anfassen und Verstehen

Selber machen, experimentieren, tüfteln und über die Phänomene nachdenken – besser kann man Physik und Naturwissenschaften nicht verstehen und es sich auch noch merken. Das ist genau das Prinzip, das die Phänomenta mit ihren etwa 170 Experimenten und Stationen verfolgt. Übrigens auch für Erwachsene eine schöne Auffrischung des möglicherweise schon länger zurückliegenden Physikunterrichts. Nach ersten Experimenten ab den 1980er-Jahren an der Uni Flensburg gab es ab 1995 die erste Phänomenta mit Experimenten der Hochschule. Seither wurde die Ausstellung ausgebaut und weitere Phänomenta-Einrichtungen sind in Deutschland entstanden. Seit 2001 ist die Phänomenta ein Institut der Europa-Universität Flensburg und wird von einem Verein betrieben. Ein Besuch des Café Lichtlos, in dem man in völliger Dunkelheit zurechtkommen muss, und der Ausstellung über den Flensburger Flugpionier und Techniker Hugo Eckener (1868–1954) im Nordertor sollte man sich auch nicht entgehen lassen.

Phänomenta
Norderstr. 157–163
24939 Flensburg
T. 0461 14 44 90
www.phaenomenta-flensburg.de
Oktober bis Mai:
Di–Fr 10–18 Uhr,
Sa, So u. feiertags 12–18 Uhr
Juni bis September:
Mo 10–18 Uhr

5 Erleben
Flensburg

Europas größter historischer Hafen

Im Museumshafen an der Flensburger Förde ist immer etwas los, besonders zu den maritimen Veranstaltungen, zu denen die historischen Wasserfahrzeuge dicht an dicht im Hafen liegen. Im Museumshafen dürfen nur Traditionsschiffe und Schiffe aus anderen Museumshäfen festmachen. Es gibt die Sammlung

segelnder Berufsfahrzeuge, die Jollensammlung und Lüttfischer, die Dampferbrücke, wo neben dem Salondampfer *Alexandra* auch das Motorgüterschiff *Gesine* und der Schlepper *Flensburg* liegen, die Steganlage klassischer Yachten und eine Anlegestelle für Gastschiffe. Mitfahrten auf einem historischen Segler, Regatta-Begleitfahrten und Fahrten auf der *Alexandra* (s. Tipp 1) können organisiert werden und sind das besondere maritime Erlebnis eines Flensburg-Aufenthaltes.

Historischer Hafen Flensburg
Schiffbrücke 37
24939 Flensburg
T. 0461 18 29 18 01
www.historischer-hafen.de

6 Entdecken Flensburg

Bau, Reparatur und Ausstellung historischer Segelschiffe

Die 1996 gegründete Museumswerft ist ein Ausstellungs- und Werftplatz alter Gewerke und Tätigkeiten. Historische Erwerbssegelschiffe der Region, typische Frachtensegler und offene Arbeitsboote des 18. und 19. Jahrhunderts werden gezeigt, restauriert oder nachgebaut. Besucher können sich über die Arbeiten an historischen Booten oder den Werftalltag vor 150 Jahren informieren, die Ausstellung historischer Segelschiffe oder das Werftcafé besuchen. Es wird viel mit Jugendlichen gearbeitet, die mit alten Bootsbauer-Werkzeugen umzugehen lernen oder sogar eine Ausbildung machen können. Auf der Kinder-Werft bauen sich die Jüngsten ein kleines eigenes Boot unter Anleitung zusammen.

Museumswerft Flensburg
Schiffbrücke 43–45
24939 Flensburg
T. 0461 18 22 47
www.museumswerft.de
Mo–Fr 8–17 Uhr,
Sa u. So 10–17 Uhr

7 **Erleben**
Flensburg

Maritime Impressionen aus der Fördestadt
Direkt am Hafen finden wir das Schifffahrtsmuseum der Stadt, dessen Besuch für Geschichts- und Seefahrtsbegeisterte sicher ganz oben auf der Liste steht. Hier erfährt man alles über die Kaufleute, die Kapitäne und Seeleute sowie die Reeder, die das Flensburger Stadtleben über die Jahrhunderte in besonderer Weise geprägt haben. Neben einer Sonderausstellung gibt es sieben Ausstellungsbereiche mit den Themen Fördeschifffahrt, Hafen und Höfe, Zucker, Rum, Sklaverei, Werft, Schiffstechnik, Tauwerk und Takelage. Im Keller des Zollpackhauses befindet sich das Rum-Museum. Angeboten werden Führungen, Stadtrundgänge, Knotenkurse, Techniksonntage, Kindergeburtstage und -programme, ein Schiffssimulator und vieles mehr.

Schifffahrtsmuseum Flensburg
Schiffbrücke 39
24939 Flensburg
T. 0461 85 29 70
www.schifffahrtsmuseum-flensburg.de
Di–So 10–17 Uhr

8 **Entdecken**
Flensburg

Die To-do-Liste eines Kapitäns im 17. Jahrhundert
Wenn die Kapitäne früher mit ihren Schiffen im Flensburger Hafen ankamen, gab es in der Stadt so einiges zu erledigen und zu organisieren. Der Kapitänweg zeigt mit 14 Beispielen, wie so ein Weg in der Zeit der Segelschifffahrt im 17. Jahrhundert ausgesehen haben könnte. An allen Stationen finden sich erklärende Schilder. So geht es beispielsweise zum historischen Kran von 1726 im Museumshafen, zum Zollpackhaus, zum Kampagnietor, zum Westindienspeicher, zu den Kirchen der Stadt und zu einigen weiteren historischen Plätzen.

Flensburger Kapitänsweg
www.ostsee.de/flensburg/kapitaensweg.html

9 Entdecken Flensburg

Eindrucksvolle Gotteshäuser im Stadtzentrum

Ein Besuch der alten Kirchen Flensburgs in der Innenstadt lohnt sich. Im Norden, nahe dem Nordermarkt, finden wir die 1284 erbaute dreischiffige gotische Marienkirche, deren Bau nach der Zerstörung eines Vorgängerbaus 1284 begonnen wurde. Am Südermarkt liegt die 1390 erbaute St. Nikolaikirche mit einer sehenswerten Fassade und einer weltweit einmaligen Doppelorgel. Etwas abseits der Fußgängerpassage liegt die Kirche St. Johannis, die älteste und kleinste der drei Hauptkirchen der Stadt, eine Feldsteinkirche aus dem 12. Jahrhundert mit reich bemalten Gewölben. Die Heiliggeistkirche, 1386 als Teil des Hospitals Zum Heiligen Geist gebaut, ist seit 1588 das Gotteshaus der dänischen Gemeinde.

Flensburger Kirchen
www.ostsee.de/flensburg/kirchen.html

10 Genießen
Flensburg

Die Adresse für Bierfreunde in Flensburg

Ein hübsches, denkmalgeschütztes Ambiente, eine Biergartenterrasse, gutbürgerliche Küche und hausgemachte Biere – was will man mehr? Seit 1990 gibt es die schmackhaften Craft Biere in Hansens Brauerei, der nördlichsten Gasthausbrauerei Deutschlands. Neben dem guten Essen und der deftigen Hausmannskost werden auch saisonale weitere Bier-Spezialitäten angeboten: Hansens Pilsener, Hansens Schwarzbier, Hansens Weizenbier und das winterliche Weihnachts-Bockbier. Na dann, Prost!

Hansens Brauerei
Schiffbrücke 16
24939 Flensburg
T. 0461 22 210
www.hansensbrauerei.de

11 Erleben und Genießen
Flensburg

Bügelverschluss seit über 125 Jahren

Zwischen dem Südende der Fußgängerzone und dem Bahnhof liegt die zweite wichtige Bier-Adresse Flensburgs, die Flensburger Brauerei, die einen deutlich höheren Ausstoß an Bier aufweist als Hansens Brauerei. Bekannt ist die bereits 1888 gegründete Brauerei durch den klassischen Bügelverschluss, den satten Plop-Sound, der bei Bierfreunden sofort zur Speichelreaktion und urplötzlichem Durstgefühl führt, sowie durch die Comicfigur Werner, die gerne mal „ein Flasch-Flens“, hier meist als Bölckstoff bezeichnet, zu sich nimmt. Besucher können an einem der Braumeisterabende teilnehmen oder an einer Brauereibesichtigung, bei der man das ganze Programm von Pilsener, Edlem Hellen, Kellerbier, Weizen, Fühlings- und Winterbock bis hin zu alkoholfreiem Bier und Fassbrause Zitrone kennenlernen und verköstigen kann.

Flensburger Brauerei Emil Petersen
Munketoft 12
24937 Flensburg
T. 0461 86 30,
für Führungen T. 0461 86 31 22
www.flens.de

12 Erleben
Flensburg

Kultur im Kühlhaus

Das Kühlhaus hat sich zu einer der wichtigsten Kulturadressen der Stadt entwickelt. Neben vielen Konzerten finden auch Poetryslams, Discos, Kino, Lesungen und andere Veranstaltungen in den ehemaligen Kühlräumen der Deutschen Bahn statt. Das direkt an den Bahngleisen gelegene Gebäude stand lange leer, bis 1994 von einigen engagierten Flensburgern und Flensburgerinnen der Verein „Kulturwerkstatt Kühlhaus" gegründet wurde. Noch im gleichen Jahr konnte nach dem Umbau der Lagerhallen in einen Veranstaltungssaal die Eröffnung der Kulturstätte stattfinden. Neben einer Bar gibt es auch ein Café, das im Sommer um den besonderen Biergarten erweitert wird. Sehr begehrt sind die Probenräume, Werkstätten und Ateliers, die Künstler mieten können, um zu arbeiten und zu üben.

Kulturwerkstatt Kühlhaus
Mühlendamm 25
24937 Flensburg
T. 0461 29 866
www.kuehlhaus.net

13 Entdecken
Flensburg

Führungen zu den interessanten Themen und in die schönsten Ecken der Stadt

Unter fachkundiger Führung von Mitarbeitern der Touristinformation oder privater Anbieter und mit unterschiedlichen Themenschwerpunkten kann man die Fördestadt auf interessante Art kennenlernen (Foto: Promenade an der Hafenspitze), beispielsweise die Rum- & Zucker-Tour, die Altstadt & Architektur, die erotische Hafengeschichte, eine kulinarische Stadtführung, Führungen über Dampfer, Segler und Seemannsgarn und zu den urigsten Ecken der nördlichen Altstadt. Es gibt auch Dämmerungs- und Nachtwanderungen.

Stadtführungen
Touristinformation Flensburg
Nikolaistraße 8
24937 Flensburg
T. 0461 90 90 920
www.flensburger-foerde.de

14 **Genießen**
Flensburg

Pizza und weitere italienische Spezialitäten in der Fußgängerzone

Mediterran kann man es in Flensburg auch haben und das schon seit fast 50 Jahren. Im November 1970 wurde das San Marco in der Großen Straße eröffnet und versorgt seither die Besucher und Einheimischen mit italienischer Küche. Neben der Auswahl an knusprigen Pizzen gibt es auch klassische italienische Fleisch- und Fisch- sowie vegetarische Gerichte. Verwendet werden Frischeprodukte und es werden je nach Jahreszeit unterschiedliche Besonderheiten in das Angebot aufgenommen.

Ristorante Pizzeria San Marco
Große Straße 28
24937 Flensburg
T. 0461 22 535
www.san-marco-flensburg.de

15 **Entdecken**
Flensburg

Was und wie so alles aus der Förde auf den Teller kommt

Nahe der Hafenspitze an der Ostseite betreibt der Flensburger Fischereiverein ein kleines Fischereimuseum. Dort werden die traditionellen Fangtechniken für unterschiedliche Fischarten erläutert und es wird allerlei Gerät aus dem Fischereihandwerk präsentiert. Neben unterschiedlichen Angeln gehören auch Aalstecher, Netze und ein 250 Jahre alter Kahn zu den Ausstellungsstücken. Im Aquarium tummeln sich verschiedene Fischarten, Seesterne und Krebse. Wichtige Nutzfische der Förde wie Hornhecht, Scholle, Dorsch, Makrele, Hering oder Meeräsche werden porträtiert.

Fischereimuseum
Hafendamm
24937 Flensburg
April bis November:
tgl. 9–19 Uhr

16 Erleben Flensburg

Alljährliche Rumregatta der historischen, segelnden Berufsfahrzeuge

Seit 1980 findet an jedem Himmelfahrtswochenende von Donnerstag bis Sonntag die traditionelle und internationale Rumregatta statt. Eine Hommage an die Seehandelstradition der Stadt, bei der Rum lange Zeit eines der wichtigsten Handelsgüter war. Es ist eine nicht ganz ernst gemeinte Regatta, bei der es darum geht, den zweiten Platz zu belegen. Das ist sozusagen der Gewinner, der eine Drei-Liter-Flasche Johannsen-Rum erhält. Mitsegeln auf einem der über Hundert segelnden Berufsfahrzeuge wie Galeassen, Ewer, Kutter und Topsegelschoner ist für Interessenten möglich. Zudem ist die ganze Veranstaltung ein maritimes Volksfest mit viel Musik und kulinarischen Angeboten rund um die Museumswerft und den historischen Museumshafen.

Rumregatta
www.rumregatta.de

17 Erleben Flensburg

Dampfgetriebene Maschinen an Land und auf Wasser

Irgendwann wurden die Segelschiffe durch dampfbetriebene Schiffe abgelöst. Viele der historischen Dampfer aus den Anfangszeiten des Dampfantriebs treffen sich seit 1993 alle zwei Jahre zum „Dampf Rundum“ im Flensburger Hafen. Es ist ein maritimes Wettfahrts-, Kultur- und Gastronomie-Programm rund um den Hafen, bei dem es auch für Besucher die Möglichkeit gibt, auf den Dampfschiffen mitzufahren. Es wird auf dem Wasser und an Land ordentlich Dampf gemacht. Das gastgebende Schiff ist der Salondampfer *Alexandra*. Weitere teilnehmende große Dampfschiffe sind der Tonnenleger *Bussard* aus Kiel und das Vermessungsschiff *Scharhörn* sowie der Dampfeisbrecher *Stettin* aus Hamburg und der Passagier- und Postdampfer *Skjelskør* aus Fredrikssund. Ein Volksfest, zu dem einige Hunderttausend Besucher kommen, mit Feuerwerk, Musik, maritimem Flohmarkt, Karussells und kulinarischer Versorgung.

Flensburger Dampf Rundum
www.dampfrundum.de

18 Genießen
Flensburg

Gut speisen im alten Hinterhof-Gemäuer

Das früher als Getreidelager genutzte Gebäude von 1766 ist denkmalgeschützt und beherbergt heute das Restaurant „Im alten Speicher", das seit mehr als 20 Jahren als Steak-House bekannt ist. Es gibt aber auch Fischgerichte und vegetarische Angebote. Zu den Spezialitäten gehören Lammhüfte, Wiener Schnitzel, Steakteller, Roastbeef und Schweinemedaillons, die bei schönem Wetter auch auf der Hofterrasse genossen werden können. Je nach Saison gibt es unterschiedliche Gerichte und wechselnde Mittagstisch-Angebote.

Restaurant „Im alten Speicher"
Speicherlinie 44
24937 Flensburg
T. 0461 12 018
www.restaurant-im-alten-speicher.de

19 Genießen
Flensburg

Dänemark ist in Flensburg noch immer gern zu Hause

Das Restaurant ist nach dem dänischen Verein Borgerforeningen Flensborg (dt. Bürgerverein Flensburg) benannt, der die Immobilie 1844 erwarb. Es ist einer der ältesten Vereine Flensburgs und das Gebäude war der Treff dänisch treuer Bürger. Im Königssaal feierten dereinst auch der dänische König Friedrich VII. und sein Nachfolger. In neuerer Zeit war auch die dänische Königin Margrethe zu Besuch. Zentral, aber ruhig in einem schönen, historischen Hof gelegen, wird hier ein Stück deutsch-dänischer Freundschaft gelebt. Die gut bürgerliche Küche bietet deutsche und internationale Gerichte und ein umfängliches Angebot. Die Hausspezialität: Filetsteaks, Ribeye-Steaks und Rumpsteaks, die im Ofen langzeitgegart und dann in der Pfanne zubereitet werden – ein sehr zarter Genuss.

Restaurant Borgerforeningen
Holm 17
24937 Flensburg
T. 0461 23 385
www.restaurant-borgerforeningen.de

20 Entdecken Flensburg

Kunst- und Kulturgeschichte der Region aus 800 Jahren

Es geht etwas den Berg hinauf, aber der Aufstieg lohnt sich, nicht nur wegen des Ausblicks, sondern vor allem wegen der umfänglichen Ausstellungen und Sammlungen des Landesteils Schleswig vom 13. bis zum 20. Jahrhundert, die der Museumsberg bietet. Es versteht sich als Städtisches Museum der Kunst- und Kulturgeschichte im deutsch-dänischen Grenzgebiet und besteht aus den beiden Gebäuden Heinrich-Sauermann-Haus und Hans-Christiansen-Haus. Neben Kunst der Moderne, Bauernstuben und kirchlicher Kunst gibt es die Gemäldesammlung norddeutscher und schleswig-holsteinischer Künstler des 19. und 20. Jahrhunderts, darunter Werke von Emil Nolde und Erich Heckel. Bedeutsam ist die Möbelsammlung von der Gotik bis zum Klassizismus, die vor allem auf die Sammelaktivität des Flensburger Möbelfabrikanten und Museumsdirektors Heinrich Sauermann (1842–1904) zurückgeht. Auch die Sammlung von Jugendstilwerken, vor allem Bildteppichen und den Objekten des Flensburger Künstlers und Schriftstellers Hans Christiansen (1866–1945), ist bedeutsam.

Museumsberg Flensburg
Museumsberg 1
24937 Flensburg
T. 0461 85 29 56
www.museumsberg-flensburg.de
Di–So 10–17 Uhr

21 Entdecken Flensburg

Schnelldurchgang durch die Natur-Lebensräume Schleswig-Holsteins

Ebenfalls auf dem Museumsberg im Erdgeschoss des Heinrich-Sauermann-Hauses finden wir das Naturwissenschaftliche Museum der Stadt, das für naturkundlich Interessierte eine lohnende Ausstellung bietet. Indem wir die einzelnen Räume durchschreiten, lernen wir die wichtigsten Lebensräume Schleswig-Holsteins mit ihrer Flora und Fauna kennen: Da ist zum Beispiel die Ostseeförde mit Schweinswal, Sandlückensystem, Spülsaum und der Fisch- und Vogelfauna. Weitere Lebensräume sind das Hochmoor, die Feldmark mit ihren Knicks und der Wald. Die Binnengewässer und die Städte und Siedlungen finden ebenfalls Erwähnung. Die Vogelfauna des Landes und die meisten Säugetiere sind in Präparaten dargestellt, ebenso wie einige Kleintiere wie die Zecke, auch als Holzbock bezeichnet, die in detailgetreuen Großmodellen gezeigt werden. Wie durch eine Lupe lassen sich jede Borste und der Saugrüssel, die Beine und der abgeplattete Körper genau erkennen.

Naturwissenschaftliches Museum Flensburg
Museumsberg 1
24937 Flensburg
T. 0461 85 25 04
www.flensburg.de/naturwissenschaftliches-museum
Di–So 10–17 Uhr

22 Erleben Flensburg

Alles über die Eiszeiten

Das Eiszeit-Haus (Foto), ein denkmalgeschütztes Haus, das früher für die Unterbringung von Pferden genutzt wurde, liegt im Christiansenpark, etwa 500 Meter vom Naturwissenschaftlichen Museum entfernt, dem es angegliedert ist. Das Haus beherbergt die bedeutende geologisch-paläontologische Sammlung des Flensburger Lehrers Hans Philippsen (1866–1926). Die Besucher finden viele Informationen zu paläontologischen, geologischen und archäologischen Themen, zur eiszeitlichen Landschaftsentstehung in Schleswig-Holstein sowie eine große Auswahl an Fossilien und kristallinen Geschieben mit vielen Steinen zum Anfassen.

Eiszeit-Haus
Mühlenstraße 7
24937 Flensburg
T. 0461 85 25 77 (o. 85 25 04)
Oktober bis April:
Mi u. So 10.30–16 Uhr
Mai bis September:
Mi u. So 10.30–17 Uhr

23 Entdecken Flensburg

Ein hübsches Garten- und Friedhofs-Ensemble auf der Westlichen Höhe

Der 4,2 Hektar große, denkmalgeschützte Christiansenpark ist ein bedeutendes Gesamtkunstwerk und ein wichtiges Gartendenkmal der Aufklärungszeit im Norden Schleswig-Holsteins. Das Handelshaus Christiansen wurde im Westindienhandel recht wohlhabend und besaß auf der westlichen Höhe, wo sich heute auch der Museumsberg befindet, ein Gelände von über 25 Hektar. Mit dem Niedergang des Handelshauses wurde das Gelände parzelliert. Als wesentliche Elemente der Christi-

ansengärten finden wir heute das immerhin noch vier Hektar große Parkgelände mit einigen neugotischen Wirtschaftsgebäuden, drei Teichen, einem kleinen Wasserfall, einem Gedenkstein und zwei in ihrer Art einzigartigen Grotten, die Mumiengrotte im heutigen Christiansenpark und die Spiegelgrotte auf dem Museumsberg. Anliegend findet sich der Alte Friedhof mit einer klassizistischen Aussegnungskapelle am Eingang. Auf dem Friedhof steht auch das Denkmal des Idstedt-Löwen, der an die siegreiche Schlacht der Dänen gegen die schleswig-holsteinischen Truppen im Jahr 1850 erinnert. Nach Stationen in Berlin und Kopenhagen gelangte das Denkmal 2011 endlich wieder an seinen ursprünglichen Standort in Flensburg.

Christiansenpark
www.christiansenpark.de

24 Entdecken Flensburg

Auf Entdeckungstour durch die Flensburger Höfe

Eine Besonderheit der Flensburger Innenstadt sind die zahlreichen Höfe, Gänge und Gassen, die zum großen Teil liebevoll restauriert wurden und in denen es viel zu entdecken gibt: kleine Spezialgeschäfte, Wein- und Rumhandlungen, Restaurants, Cafés und jede Menge Atmosphäre. Der gemeinnützige Verein „Flensburger Hofkultur e. V." veranstaltet zusammen mit dem Kulturbüro der Stadt Flensburg seit 1995 jedes Jahr ein vierwöchiges Sommerfestival mit einem vielfältigen und interessanten Programm in den Höfen Flensburgs. Neben Musikveranstaltungen von Klassik bis Jazz, gerne aus den nordischen Nachbarländern und mit neuen und interessanten Strömungen, werden auch Theater, Kino, Kabarett und anderes präsentiert.

Flensburger Hofkultur
Schützenkuhle 26
24937 Flensburg
T. 0461 85 13 90
www.flensburger-hofkultur.de

25 Entdecken Flensburg

Einkaufen und Flanieren auf historischem Platz – der Südermarkt

Zweimal wöchentlich finden seit über 800 Jahren auf dem Südermarkt am Mittwoch und am Samstag ein Wochenmarkt und alle 14 Tage am Donnerstag ein Flohmarkt statt. Im Dezember stehen hier die Stände des Flensburger Weihnachtsmarktes, der sich die gesamte Fußgängerzone entlang bis zum Nordermarkt erstreckt. Am Südermarkt befindet sich die Nikolaikirche und hier steht der älteste Profanbau der Stadt, die Nikolai-Apotheke von circa 1490. Wetterunabhängig lässt sich im nahe gelegenen Shoppingcenter Flensburg Galerie einkaufen.

Südermarkt
24937 Flensburg

26 Entdecken Flensburg

Auf Entdeckungstour in der Roten Straße

In der Roten Straße in Flensburg finden wir auf 200 Metern 40 Geschäfte und Dienstleister. Die von der Straße abgehenden Gassen und Höfe machen es möglich. Es sind hier derer fünf: Roter Hof, Sonnenhof, Blumenhof, Krusehof und Braasch-Höfe. Und in allen gibt es etwas zu sehen, zu entdecken und zu erleben. Gehen Sie auf Entdeckungstour in den vielen kleinen, individuellen Läden, Restaurants und Galerien: Espressomaschinen, Mode, Wolle, Kunst, Schmuck, Bürsten, Wohnaccessoires, Spielzeug, Fisch, Kaffee, Rum usw. Die Rote Straße war früher Teil des Ochsenweges, der viel genutzten Transporttrasse von Dänemark nach Altona, und führte auf den wichtigen Handelsplatz, den Südermarkt. Auf der anderen Seite ging es durch das Rote Tor in Richtung Süden hinaus aus der Stadt nach Rude (einem gerodeten Wald – daher auch der Name).

Rote Straße
www.rotestrasse.de

27 Genießen Flensburg

Wiener Kaffeehaustradition auf der Hofterrasse im Roten Hof

Im Roten Hof der Roten Straße finden wir das gleichnamige Restaurant, das nicht nur eine umfängliche Getränkekarte bietet, sondern auch eine Frischeküche mit vielen Produkten aus der Region und ohne Geschmacksverstärker. Los geht es mit einem reichhaltigen Frühstück, das man sich selbst zusammenstellen kann, zwischendurch gibt es Panini, geröstete Weizenbrote mit herzhafter Belegung. Ansonsten bietet die Karte Rumpsteak, Backfisch, Matjes und vieles mehr, besonders beliebt sind aber die Hamburger und die Currywürste in unterschiedlichen Variationen. Dazu vielleicht mal ein paar Süßkartoffelpommes? Nachmittags kommen dann die hausgemachten Kuchen und Torten sowie die Kaffespezialitäten und Tees aus biologischem Anbau von Julius Meinl auf den Tisch – Wiener Kaffehaustradition im Norden.

Roter Hof
Rote Straße 14
24937 Flensburg
T. 0461 50 52 370
www.roterhof.de
Mo–Sa 10–23 Uhr

28 Erleben und Genießen
Flensburg

Zucker und Rum bringen der Stadt Reichtum und Wohlstand

Flensburg ist die Rumstadt. Etwa ab Mitte des 18. Jahrhunderts, als Flensburg zum Dänischen Königreich gehörte, wurden Zucker und Rum aus Westindien in die Fördestadt verschifft und hier veredelt, verschnitten und als hochwertiges Produkt in alle Welt geliefert. Zu jener Zeit gab es hier mehr als 200 Rumhäuser. Das Rum-Museum im Keller des Schifffahrtsmuseums und das 2014 eröffnete Rum Manufaktur Museum im Wein- und Rumhaus Braasch in der Roten Straße informieren über die hochprozentige Spezialität. Braasch hat nicht nur über 300 Weine im Angebot, sondern auch Sekt, Champagner, Portwein, Braasch Punsch und Grappa. Besonders beliebt sind natürlich Braasch Rum Klassik, Braaschs Vanille-Rum und der Flensburger Schiffer-Rum-Verschnitt und vor allem Braaschs Premium Rum in den Variationen „Dark Cane", „Black Cane" und „Gold Cane". Rumtopf, Rum-Trüffelcreme-Schokolade und Rum-Pralinen runden die alkoholische Produktpalette ab.

Wein- und Rumhaus Braasch & Braasch Rum Manufaktur Museum
Rote Straße 26–28
24937 Flensburg
T. 0461 14 16 00
www.braasch.sh

29 Genießen
Flensburg

Das schwarze, anregende, koffeinhaltige Heißgetränk frisch geröstet und zubereitet

Der durch die Rote Straße ziehende Kaffeeduft weist Ihnen olfaktorisch den Weg zur Alten Kaffee-Rösterei im Sonnenhof. Im dortigen Café bekommen Sie auf zwei Etagen oder auf der Sonnenhof-Terrasse frisch gerösteten und bereiteten Kaffee in zahlreichen Variationen. Tee und

Kaltgetränke, kleinere Gerichte und ausgesuchte Schokoladen sind ebenfalls erhältlich. Im Verkauf gibt es Geschenkartikel, Porzellan sowie Kaffeemühlen und Filterkaffeemaschinen. Beim Showrösten können Gruppen dem Röstvorgang beiwohnen und eine Einführung in die Kaffeekunde bekommen.

Alte Kaffee-Rösterei im Sonnenhof
Rote Straße 16
24937 Flensburg
T. 0461 50 50 89 00
www.flensburger-kaffee.de
Mo–Fr 10–18 Uhr, Sa 10–16 Uhr

30 Entdecken Flensburg

Kunsthandwerk und Töpferarbeiten im Krusehof

Am Ende des Krusehofs in der Roten Straße befindet sich die Hoftöpferei mit anliegendem Kunsthandwerkerladen. Hier gibt es wie in so manch anderen Hofläden und Geschäften der Flensburger Innenstadt einiges zu entdecken. In dem Laden gibt es neben den schön gefärbten, meist blau und grün gehaltenen Keramiken aus eigener Produktion eine Vielfalt an weiteren schönen Produkten von Künstlern und Kunsthandwerkern aus kleinen Werkstätten und Manu-

fakturen: beispielsweise Weberei- und Filz-Produkte, Schmuck, Malerei, Porzellan und Drechslerarbeiten. In der Werkstatt werden die eigenen Produkte aus Manganton auf der Töpferscheibe geformt, dann mit Glasuren versehen und anschließend im Ofen gebrannt.

Charlotte Torge Hoftöpferei
Rote Straße 24
24937 Flensburg
T. 0461 80 79 55 55
www.hoftoepferei-flensburg.de

31 Erleben
Flensburg

Gemütlich über die Förde schippern

Eine Fördefahrt mit dem Salondampfer *Alexandra* oder auf einem der historischen Segler gehört gewiss zu den besonderen Attraktionen, aber solche Fahrten sind auch schnell ausgebucht. Eine gemütliche Bootsfahrt durch den Hafen und auf der Förde kann man aber auch mit den regelmäßig verkehrenden Schiffslinien unternehmen. Die *MS Flora II* unternimmt etwa 45-minütige Hafen- und Förderundfahrten, bei denen der Fähranleger Sonwik angesteuert wird. Die *MS Viking* verkehrt zwischen Flensburg und Glücksburg, wobei auch Fahrräder mitgenommen werden können, sodass eine Strecke auf dem Ostseeküsten-Radweg zurückgelegt werden kann.

Unser Foto zeigt das westliche Fördeufer mit dem Turm der Marienkirche.

Fährfahrten

www.viking-schifffahrt.de
www.flensburger-faehrbetrieb.de

32 Genießen Flensburg

Ostseebaden in und um Flensburg

Wenn man an der Ostsee ist, will man auch die Füße oder etwas mehr ins Wasser tauchen. In Flensburg gibt es an der Westseite des Hafenbereichs in Richtung Wassersleben den schönen Strand Ostseebad, mit Hundestrand nahe dem Parkplatz. Etwas weiter nördlich in Wassersleben, das auf dem Gebiet der Gemeinde Harrislee liegt, befindet sich ein schöner, kinderfreundlicher Strand mit herrlichem Blick auf die bewaldete dänische Küste und die Flensburger Förde. Der Strand von Solitude liegt nordöstlich in Richtung Glücksburg und besitzt einen feinen Sandstrand mit einiger Infrastruktur und einem Abschnitt, an dem Hunde mit an den Strand dürfen. Noch weiter gen Osten folgen Strände in Glücksburg und Langballigau.

Strand und Badespaß

www.flensburger-foerde.de/strand-badespass

33 Erleben Flensburg

Theater und Sinfonieorchester in Flensburg

Die Theatergeschichte geht in Flensburg nachweislich bis in das Jahr 1450 zurück. Das heutige Stadttheater in der Rathausstraße 22 wurde im Jahr 1894 eröffnet. Neben den zahlreichen kleinen Bühnen und Theatern gibt es in Flensburg außer dem Stadttheater weitere Landestheater-Spielstätten von Musiktheater, Ballett, Schauspiel und Konzerten wie die Kleine Bühne, das Theaterfoyer, das Hans-Christiansen-Haus auf dem Museumsberg und das Deutsche Haus, das 1930 fertiggestellt wurde – als „Reichsdank für deutsche Treue“, weil Flensburg sich in der Volksabstimmung 1920 mehrheitlich für die Zugehörigkeit zu Deutschland und nicht zu Dänemark entschieden hat. Heute ist es ein Kulturzentrum mit einem großen Saal, in dem Konzerte des Schleswig-Holsteinischen Sinfonieorchesters aufgeführt werden. Das Schleswig-Holsteinische Landestheater und Sinfonieorchester mit Verwaltungssitz in Rendsburg hat in jeder Spielzeit etwa 700 Vorstellungen an den über ganz Schleswig-Holstein verteilten Spielstätten.

Theater-Spielstätten in Flensburg

www.sh-landestheater.de

34 Erleben Flensburg

Im Handball ganz oben mit dabei

Die Stimmung bei einem Handballspiel der SG Flensburg-Handewitt in der Flens-Arena mit 6300 Zuschauern ist für Sportbegeisterte schon ein besonderes Erlebnis, vor allem wenn es gegen den Erzrivalen aus Kiel geht. Wie heißt es so schön: „Hauptsache, immer eine Handbreit Wasser über Kiel!“ Im Handball spielt Flensburg in Deutschland und Europa ganz oben mit. Deutscher Meister 2004, 2018 und 2019 sowie zwölfmal Vizemeister, Champions League-Sieger 2014 und viermal den DHB-Pokal gewonnen; das ist schon eine beachtliche Bilanz. Vorteilhaft ist für Flensburg, dass die Mannschaft oft durch hervorragende Spieler aus Dänemark und Skandinavien verstärkt wird.

SG Flensburg-Handewitt
Handball-Bundesliga GmbH & Co. KG
Schiffbrücke 66
24939 Flensburg
T. 0461 16 09 60
www.sg-flensburg-handewitt.de

35 Entdecken Flensburg

Lesen bildet

Warum nicht mal wieder ein gutes Buch lesen? Die Stadtbibliothek hält über 120 000 Medien zum Ausleihen bereit. Neben Büchern und Zeitschriften gehören auch CDs, Hörbücher, Spiele, DVDs und E-Books dazu. Die Kinderbücherei ist ein gesondert gestalteter Bereich für die Kleinsten, und auch Jugendliche werden besonders angesprochen. Spezielle Führungen zur Nutzung der Bibliothek werden von den Mitarbeitern durchgeführt. Bei den Vorlesestunden für Kinder von vier bis acht Jahre dürfen auch die Eltern und Großeltern dabei sein.

Stadtbibliothek Flensburg
Süderhofenden 40
24937 Flensburg
T. 0461 85 25 69
www.stadtbibliothek.flensburg.de
Mo 15–19 Uhr, Di–Fr 10–19 Uhr, Sa 10–13 Uhr

36 Erleben
Flensburg

Wander- und Landschaftserlebnis an der Fördeküste

Der „Fördesteig" ist ein vom Naturschutzbund Deutschland e. V. (NABU) der Gruppe Flensburg/Ostangeln konzipierter Wanderweg, der auf einer Länge von 95 Kilometern von der Dänischen Grenze die gesamte südliche Flensburger Förde entlang bis zur Schlei bei Kappeln führt. Es ist sozusagen eine Ergänzung des ebenfalls sehr empfehlenswerten Wanderwegs „Gendarmstien" (Gendarmenpfad) in Dänemark. Nehmen Sie sich doch mal den etwa 16 Kilometer langen Abschnitt von der Kupfermühle an der Grenze über die Flensburger Hafenspitze nach Fahrensodde und bis Glücksburg vor. Sie erleben viel Natur, Kultur und Landschaft.

Fördesteig
www.fördesteig.de
www.flensburg-tourismus.de

37 Entdecken
Flensburg

Stunts, Tricksprünge und Freestyle

Der BMX- und Skatepark auf der alten Industriebrache des Flensburger Schlachthofs ist einer der größten Europas. Die Sportpiraten organisieren den Park selbst und haben ihn zum außerschulischen Lernort gemacht. BMX-Räder, Skateboards und die entsprechende Schutzausrüstung können vor Ort ausgeliehen werden. Der Jugendpark existiert seit 2008 und wurde 2011 deutlich erweitert. Es finden viele Veranstaltungen und Events statt, wie zum Beispiel das alljährliche Festival am Pfingstwochenende mit BMX-Contest, einem internationalen Fahrerfeld, einem Soccerturnier, Musikveranstaltungen und gastronomischer Versorgung.

BMX- und Skatepark Schlachthof
Werftstraße 40
24939 Flensburg
T. 0461 49 24 29 18

38 Entdecken
Harrislee

Wasserradbetriebenes Hammerwerk zur Metallverarbeitung an der Krusau

Um 1800 war das Kupfer- und Messingwerk an der Krusau die größte Industrieanlage des Herzogtums Schleswig und eine der größten des Dänischen Königreichs. Auch unter deutscher Verwaltung war die Anlage voll in Betrieb, bis diese im Jahr 1962 eingestellt wurde. Seit 2014 ist der Komplex ein Museum, das die Geschichte des Kupfer- und Messingwerks und ihre Funktionsweise zeigt. In drei Hallen werden die Sammlungen, Maschinen, eine Werkstatt im Turbinenhaus, das Wasserrad, die 700 PS-Dampfmaschine von 1933 sowie das rekonstruierte Hammerwerk ausgestellt. Interessant ist auch ein Rundgang durch den Ort mit einer der ältesten Arbeitersiedlungen Nordeuropas.

Industriemuseum Kupfermühle
Messinghof 3
24955 Harrislee
T. 0461 40 77 125
www.industriemuseum-kupfermuehle.de
Mai bis Oktober:
Mi–So 13–17 Uhr
November–April:
Sa u. So 13–17 Uhr

39 Erleben
Flensburg

Eine Radtour im Grenzgebiet

Einer der Fernradwege Schleswig-Holsteins ist die Grenzroute, die auf einer Strecke von 130 Kilometern in mehreren Schlaufen beiderseits der deutsch-dänischen Grenze von Flensburg bis an die Westküste bei Højer führt. An 13 Stellen wird der Verlauf der durchlässigen Grenze überschritten und die Kulturhistorie der Grenzregion und der beiden Nationalitäten erlebbar. Start ist an der Hafenspitze in Flensburg und es geht weiter über Wassersleben, Harrislee, Ladelund, Süderlügum, Tønder und Højer. Sie erleben das Industriemuseum Kupfermühle (s. Tipp 38), die KZ-Gedenk- und Begegnungsstätte Ladelund, das Lager Frøslev des Dänischen Freiheitskampfes im Zweiten Weltkrieg, die Süderlügumer Binnendünen, das malerische Dorf Møgeltønder und vieles mehr. Für ganz Eilige gibt es eine direkte Expressroute, den Nord-Ostsee-Radweg, der die beiden Küsten auf einer Länge von 66 Kilometern verbindet.

Grenzroute
T. 04638 89 84 04
www.grenzroute.de
www.gruenes-binnenland.de

40 Erleben
Harrislee

Schaukeln, hüpfen, springen, klettern und rutschen

Bewegung und Austoben ist im 5000 Quadratmeter großen Spaßpark Mr. Scandis für Kinder von 1 bis 99 angesagt. Es gibt den Kletterberg Mount Scandis, Hüpfkissen, Wabbelberge, eine Rollenrutsche und Ballriding. Konzentration und Geschicklichkeit sind notwendig auf der Kartbahn, beim Gokartfahren, bei der Rollenrutsche, bei den Trampolinen und an der neuen T-Wall. In der Multisport-Arena ist Fußball, Basketball und Beachvolleyball möglich und für die Kinder von eins bis drei gibt es den Mini-Scandi mit Riesen-Legosteinen und Mini-Hüpfburg. Das Tragen von Socken ist für alle Besucher Pflicht.

Mr. Scandis Funpark
Skandinavien-Damm 2
24983 Handewitt
T. 04608 97 16 58 10
www.mrscandisfunpark.com
Mo–Fr 14–19 Uhr,
Sa, So u. feiertags 10–19 Uhr

41 Entdecken
Flensburg

Der wilde Westen Flensburgs

Ein besonderes Naturerlebnis und ein Stück Wildnis in Schleswig-Holstein bietet das Schäferhaus im Westen Flensburgs. Hier lassen sich eine schöne Wanderung, eine Radtour und naturkundliche Impressionen erleben. Das ehemals militärisch genutzte Gelände ist im Besitz der Stiftung Naturschutz und umfasst eine 300 Hektar große Nordfläche und eine 120 Hektar große südliche Fläche. Die savannenähnliche Landschaft wird von Galloways und Konik-Wildpferden beweidet. Ein Waldelefant, der vor der letzten Eiszeit auch als Weidetier im Norden unterwegs war, steht immerhin als Silhouette in der Landschaft und stellt eine der 13

Stationen des Naturerlebnisraumes dar, der über den historischen Ochsenweg und den bronzezeitlichen Diebesweg, die Archäologie, Geschichte und den Naturschutz des Gebietes informiert. Mehrere Parkplätze stehen am Rande des Schutzgebiets, z. B. am Industriegebiet „Am Oxer“ (Schäferweg) oder am Übergang Flugplatzweg und der Straße Unterlangberg, zur Verfügung. Genießen Sie die Wanderung durch die halboffene Weidelandschaft mit blühendem Wundklee, Wildem Thymian und Skabiose am Wegesrand und dem Gesang und Rufen von Braunkehlchen, Feldlerche und Neuntöter im Ohr, die zusammen mit vielen anderen sonst schon selten gewordenen Organismen im Gebiet heimisch sind.

Stiftungsland Schäferhaus
www.stiftungsland.de/karte/stiftungslandgebiete/schaeferhaus
www.wildes-sh.de

42 Entdecken & Genießen
Flensburg

Werft, Museum und Restaurant für Yacht- und Segelbegeisterte

Direkt neben der Yachtwerft Robbe & Berking Classics, die klassische Segel- und Motoryachten restauriert und Repliken baut, liegt am Flensburger Stadthafen das Yachting Heritage Centre. Hier findet der Besucher ein Museum mit wechselnden Ausstellungen zu klassischen Segelyachten und die Geschichte des Holzschiffsbaus, einen Museumsshop, zwei Galerien und ein Museumsrestaurant mit tollem Blick über das Wasser auf die Flensburger Altstadt. Besonders bedeutsam ist die zugehörige Fachbibliothek mit rund 8500 zum Teil alten und seltenen Büchern zum Thema Yachtsport. Sie gilt als die international bedeutsamste Sammlung an antiquarischer Yachtsportliteratur. Hinzu kommt ein großer Bestand an Zeitschriften, Jahres- und Festschriften von Yachtclubs aus der ganzen Welt. Nicht nur für Freunde des Segel- und Yachtsports eine besonders besuchenswerte Adresse.

Yachting Heritage Center
Harniskai 13
24939 Flensburg
T. 0461 31 80 30 63
www.yachtingheritagecentre.com
Di–So 10–17 Uhr

Ristorante Italia Il Porto
Am Industriehafen 5
24939 Flensburg
T. 0461 39 181
www.ristoranteitalia.de

43 Erleben Flensburg

Das Schwimm-, Bade- und Saunaerlebnis
Das 5000 Quadratmeter große Erlebnisbad bietet mit seinem 50 Meter langen Schwimmbecken und den Ein-, Drei- und Fünf-Meter-Sprungbrettern Trainingsmöglichkeiten für Sportler, ist aber vor allem ein Spaßbad für Jung und Alt. Mit Wasserfall, Sprudelwasser, Wildbach, großer Wasserrutsche, Whirlpools, Baby-Planschbecken und Vier-Jahreszeiten-Außenbecken dürfte für jeden Geschmack etwas dabei sein. Im Bistro werden auch vegetarische und vegane Gerichte angeboten. Beliebt ist außerdem der Saunabereich mit sechs Saunen, in denen regelmäßige Kräuter-, Vitamin-, Relax- und Show-Aufgüsse stattfinden und man sich in einem exotischen Ambiente erholen kann.

Campusbad
Thomas-Fincke-Straße 19
24943 Flensburg
T. 0461 48 75 000
www.campusbad-fl.de

44 Erleben Flensburg

Springen und Spaß auf 70 Trampolinen
Seit 2016 gibt es den Trampolinpark in Flensburg und es sieht schon sehr elegant aus, wenn die Springer mit einer känguruähnlichen Leichtigkeit zwischen den Trampolinen und an der Wand hin und her hüpfen. 73 Trampoline stehen in der 2000 Quadratmeter großen Halle zur Verfügung, einige davon vertikal angebracht. Das größte misst eine Länge von 13 Metern. Die Termine müssen gebucht werden und auch für Gruppen und Geburtstage sind Anmeldungen möglich. Sicherheit wird großgeschrieben und es gibt eine Liste von zu beachtenden Regeln, beispielsweise wird nur eine Person pro Trampolin geduldet, es dürfen keine Gegenstände (Schmuck etc.) am Körper getragen werden, das Maximalgewicht ist zu beachten und es müssen spezielle Sprungsocken verwendet werden. Eine kleine Gastronomie ist auch vorhanden.

JUMP House Flensburg
Schleswiger Straße 80
24941 Flensburg
T. 0461 57 49 88 10
www.jumphouse.de/flensburg
Di–Fr 15–19 Uhr,
Sa u. So 11–18 Uhr

45 Erleben
Flensburg

Sherlock Holmes und Tatort-Kommissare lassen grüßen

Real Life Escape Games, also Fluchtspiele im echten Leben, sind ebenso wie in einigen anderen Städten in Flensburg möglich. Im Mystery House geht es darum, in Teams von zwei bis sechs Spielern innerhalb einer Stunde knifflige Fälle oder Probleme zu lösen. Wählen kann man zwischen den Fällen The Bomb, Prison Escape, Die Klinik, The Robbery und Der Tatort. Die Aufgaben bestehen darin, eine Bombe zu entschärfen, aus dem Gefängnis oder der Klinik eines verrückten Professors auszubrechen, Juwelen zu rauben oder einen Mordfall aufzudecken. Man muss also im Team Material sammeln, auswerten, kombinieren und den jeweiligen Fall lösen.

Mystery House Flensburg
Marienallee 70
24937 Flensburg
T. 0160 93 05 10 12
www.mystery-house.de/flensburg

46 Entdecken
Flensburg

Zu Luft und zu Wasser die Förde erkunden und entdecken

In die Luft geht es mit einem Wasserflugzeug. Die gebuchten Rundflug-Maschinen fliegen von Mürwik über Glücksburg und Holnis bis zum Ende der Förde mit Blick auf Aerö und auf die Kirche im dänischen Broager und um die Ochseninsel zurück zur Wasserflugstation neben der Marina in Sonwik. Für einen Wassertörn kann man sich Motorboote, Folkeboote und Gleitjollen mieten. Die Folkeboote lassen sich auch für eine Woche buchen. Darüber hinaus gibt es auch Wakeboards oder Flyboards, bei dem man durch Wasserstrahlen in die Höhe gehoben, zwei bis drei Meter über dem Wasser schwebt. Wer mit der Angel auf die Suche nach Hering, Dorsch oder Meerforelle in der Förde gehen will, kann sich bei FLY & SAIL auch ein Angelboot ausleihen.

FLY & SAIL Flensburg
Wasserflugstation
Fördepromenade 1a
24944 Flensburg
T. 0461 15 05 50
www.flysail.de

47 Entdecken
Flensburg

Geschichtsträchtige Ausbildungsstätte an der Flensburger Förde

Die Marineschule Mürwik ist ein hübsches Anwesen in herrlicher Lage an der Flensburger Förde. 200 Meter Wasserfront nimmt der Bau in norddeutscher Backsteingotik mit seinem 60 Meter hohen Turm in der Mitte ein. Seit 1910 ist die Marineschule die zentrale Ausbildungsstätte der deutschen Marineoffiziere. Mehrmals im Jahr gibt es Tage der Offenen Tür, an denen das Gelände besichtigt werden kann. Jeden Dienstag ab 14 Uhr öffnet das Wehrgeschichtliche Ausbildungszentrum (WGAZ), das von der Kelmstraße aus erreichbar ist, seine Tore für Besucher (Personalausweis mitbringen!). Die historische Lehrsammlung präsentiert die Marinegeschichte von 1848 bis heute.

Marineschule Mürwik
Kelmstraße 14
24944 Flensburg
T. 0461 31 35 58 76
www.marine.de

Wehrgeschichtliches Ausbildungszentrum (WGAZ)
T. 0461 31 350
Di 14–19 Uhr

48 Entdecken
Flensburg

Der Fördeblick aus der Blumenvase

Der vom Architekten Fritz Trautwein entworfene, trichterförmige Mürwiker Wasserturm wurde im Jahr 1961 gebaut und kann bis zu 1,5 Millionen Liter Trinkwasser speichern. Die Form erinnert tatsächlich an eine Blumenvase und das ist auch der Spitzname, den die Flensburger der 26 Meter hohen Konstruktion gegeben haben. Der Turm steht auf einer Erhöhung im Volkspark auf der Ostseite der Förde und gilt als das Wahrzeichen des Ostufers. Von März bis September kann man den Turm über eine Treppe ersteigen oder alternativ den Fahrstuhl im Innern benutzen. Der Ausblick über die Förde und Flensburg bis nach Dänemark sowie über die Angelner Hügellandschaft ist grandios. Es ist der einzige Wasserturm Schleswig-Holsteins mit einer umlaufenden Außenplattform für Besucher.

Wasserturm Flensburg-Mürwik
Am Volkspark 500
24943 Flensburg
T. 0461 48 70
www.stadtwerke-flensburg.de

49 Erleben
Flensburg

Spielespaß bei jedem Wetter

Sollte mal schlechtes Wetter herrschen, können die Kinder trotzdem aktiv sein und zwar im Indoor-Spielpark Sum Sum mit seiner 3800 Quadratmeter großen Halle. Kletter-Labyrinth, Trampolins, Elektro-Kartbahn, BumperCars, Riesenwellenrutsche, Fun-Shooter, Bällebad und Kletterwand sind nur einige der zahlreichen Spielattraktionen. Ein Multifunktionssportfeld und die Soccer-Arena ermöglichen Ballspiele und im Kleinkindbereich amüsieren sich die Jüngsten. Eine Gastronomie ist vorhanden, in der die Eltern und Großeltern auf einen Kaffee einkehren können. Sie können sich im Squashcourt aber auch sportlich betätigen.

Sum Sum Indoor-Spielpark
Osterallee 198 A
24944 Flensburg
T. 0461 360 04
www.sumsumflensburg.de
Mo–Fr 14–19, Sa, So u. feiertags sowie in den Schleswig-Holsteiner Schulferien 10.30–19 Uhr

50 Genießen
Flensburg

Frisch- und Räucherfisch in allen Variationen

Mal etwas frischen Fisch zum Abendessen, eine geräucherte Makrele oder ein schmackhaftes Fischbrötchen? Das alles gibt es in der direkt an der Fördestraße gelegenen Flensburger Fischkate in Mürwik mit hauseigener Räucherei. Das Angebot an frischem Fisch ist reichhaltig. Neben Aal, Dorsch, Hering und Scholle gibt es auch mal Spezialitäten wie Seeteufel, Dorade oder Lachs. Küchenfertige Gerichte, Fischplatten und selbst gemachte Salate mit Fisch und Meeresfrüchten sind ebenfalls zu bekommen. Ein kleines Bistro wird es vielleicht auch irgendwann geben.

Flensburger Fischkate
Fördestraße 65
24944 Flensburg
T. 0461 99 93 67 36
www.flensburger-fischkate.de
Mo u. Sa 8–13 Uhr,
Di–Fr 8–18 Uhr

Angeln

1 Entdecken
Glücksburg

Wasser- und Residenzschloss

Herrlich und von Wasser umgeben, liegt eines der bedeutendsten Wasserschlösser Europas in der am nördlichsten in Deutschland gelegenen Stadt, in Glücksburg. Der 1583–1587 errichtete dreigeschossige Renaissancebau war Sitz der Herzöge von Schleswig-Holstein und zeitweise auch Regierungssitz der dänischen Könige. Der Wahlspruch des Erbauers, Herzog Johann der Jüngere von Schleswig-Holstein-Sonderburg, steht noch heute im Wappen über dem Eingangsportal: GGGMF – Gott gebe Glück mit Frieden, was nicht nur für das Schloss, sondern den gesamten Ort namensgebend war. Im Schlossmuseum sind u. a. Möbel des 18. und 19. Jahrhunderts, Tapisserien, Ledertapeten, Gemälde und verschiedene Exponate zur deutsch-dänischen Geschichte zu besichtigen. Eine Wanderung am Schlossteich und ein Besuch des Schlossparks sollte man durchaus mit einplanen.

Schloss Glücksburg
24960 Glücksburg
T. 04631 44 23 30
www.schloss-gluecksburg.de
Mai bis Oktober:
tgl. 10–18 Uhr
November bis April:
Sa u. So 11–16 Uhr

2 Entdecken
Glücksburg

Sterne und Planeten erkunden

Wie sagte einst der deutsche Philosoph Immanuel Kant so schön: „Zwei Dinge erfüllen das Gemüt mit immer neuer und zunehmender Bewunderung und Ehrfurcht, je öfter und anhaltender sich das Nachdenken damit beschäftigt: der bestirnte Himmel über mir und das moralische Gesetz in mir." Mit Ersterem kann man sich eingehend in dem von der Hochschule Flensburg betriebenen Menke-Planetarium nebst Sternwarte befassen. Die technische Ausstattung gehört zu den modernsten Deutschlands und es werden zahlreiche Veranstaltungen und Informationen zum Universum, den Sternen, den Planeten und den Sonnensystemen für Sterngucker jeden Alters geboten.

Menke-Planetarium und Menke-Sternwarte der Hochschule Flensburg
Fördestraße 37
24960 Glücksburg
T. 04631 80 51 273
www.planetarium-gluecksburg.de
Mo–Do 8–15 Uhr, Fr 8–12.30 Uhr

3 Erleben
Glücksburg

Wettersicherer Badespaß

Ist das Wetter mal schlecht und am Strand weht der Regen waagerecht, kann man sich in der Fördeland Therme ins Wasser stürzen. Ein 25-Meter-Sportbecken, ein Erlebnisbecken (32 °C) mit Wassermassage, Whirlpool und Schwallduschen sowie ein Außenbecken bieten eine Menge Möglichkeiten für Wasser-Entertainment. Des Weiteren gibt es eine 105 Meter lange Black-Hole-Wasserrutsche, ein Beachvolleyballfeld, einen Matsch-Spielplatz und ein Kinder-Außenbecken sowie ein Becken mit kleiner Leuchtturmrutsche für die Kleinsten. Außerdem erwartet einen ein umfängliches Gesundheits-Programm und etwas aufwärmen kann man sich in der Dampfbad-, Kräuter-, Feuer- oder Aufgusssauna.

Fördeland Therme
Sandwigstraße 1a
24960 Glücksburg
T. 04631 44 40 70
www.foerdelandtherme.de
So–Do u. feiertags 10–22 Uhr, Fr–Sa 10–0 Uhr, Frühschwimmen Di u. Mi 6–10 Uhr

4 Entdecken
Glücksburg

Etwas über den Wald und seine Lebewelt kennenlernen

Der Glücksburger Wald umfasst etwa 600 Hektar und lädt zu ausgedehnten Waldspaziergängen ein, z. B. der auf dem fünf Kilometer langen archäologisch-naturkundlichen Dolmenpfad mit vorgeschichtlichen Grabstätten im Glücksburger Friedeholz. Wer bei den Waldwanderungen die eine oder andere Pflanze oder interessante Tiere entdeckt hat, die er nicht kennt, wird vielleicht im Waldmuseum Glücksburg fündig. Die kleine Ausstellung zeigt seit 2009 die Tierwelt des Waldes wie beispielsweise Dachs, Fuchs, Habicht und Rotkehlchen in Präparaten. Auch die Pflanzenwelt wird vorgestellt. So zum Beispiel 30 Baumarten in Porträts mit ihren Rinden zum Anfassen. Außerdem wird die Geschichte des Waldes in Schleswig-Holstein präsentiert und in einem Raum geht es um das Thema Wald und Kunst.

Waldmuseum Glücksburg
Holnisstraße 2
24960 Glücksburg
T. 04631 29 73
April bis Oktober:
Sa u. So 11–16 Uhr

5 Entdecken
Glücksburg

Energie, Elektrizität und Wärme

Energieproduktion, Energieverwendung und Klima sind einige der großen Themen unserer Zeit. Mit den Grundlagen, wie Energie entsteht, umgewandelt und genutzt wird, kann man sich anschaulich im Artefact Powerpark auseinandersetzen und vielleicht so manches, was man im trockenen Physikunterricht nicht verstanden hatte, nochmal mit neu gewecktem Interesse nacharbeiten. An über 30 Stationen lernt man spielerisch und unterhaltsam die Zusammenhänge verstehen. Deutschlands erster Energie-Erlebnispark beschäftigt sich darüber hinaus auch mit weiteren Themen wie z. B. Entwicklungszusammenarbeit, Lehmbau und Elektromobilität.

artefact Powerpark
Bremsbergallee 35
24960 Glücksburg
T. 04631 61 160
www.artefact.de/powerpark
April bis September:
Mo–Fr 9–18 Uhr,
Sa u. So 10–18 Uhr
Oktober: tgl. 10–18 Uhr

6 Erleben
Glücksburg-Holnis

Steilküste, Strandwälle und Salzwiesen

Das etwa 360 Hektar große Naturschutzgebiet „Halbinsel Holnis" ragt als Landzunge in die Flensburger Förde und bietet die Möglichkeit einer schönen Ostsee-Wanderung, bei der man unterschiedliche Ostsee-Lebensräume kennenlernen kann. Vom Parkplatz in Holnis aus macht man sich in Richtung Nordwestufer auf und kann zunächst in der Schutzhütte des Naturschutzbundes Deutschland (NABU) vorbeischauen. Dort hat der Vogelwärter vielleicht gerade Zeit für ein paar Informationen oder es findet sogar eine Führung statt. Vom eindrucksvollen Steilufer (Foto) geht es dann etwas unwegsam am Nordufer über Geröllstrände zur Nordostspitze. Mit dem Fernglas kann hier die Vogelwelt mit Mittelsäger, Brandgänsen, Graugänsen, Austernfischern und diversen Entenarten erkundet werden. Im Jahreslauf lassen sich bis zu 130 unterschiedliche Vogelarten im Gebiet beobachten. Auf dem Rückweg zum Parkplatz bietet das Fährhaus Holnis eine gute Einkehrmöglichkeit mit wundervollem Blick auf die Förde.

Naturschutzhütte Holnis des Naturschutzbundes Deutschland (NABU)
Ziegeleiweg 13
24960 Glücksburg-Holnis
T. 04631 44 16 88

Fährhaus Holnis
Holnisser Fährstraße 21
24960 Glücksburg
T. 04631 61 330
www.faehrhaus-holnis.de

7 Genießen
Langballigau

Genuss ohne Reue

Die selbst gemachten Kuchen und Gebäckstücke im Café Anna und Meehr sind mit Dinkelmehl und einem möglichst geringen Zuckeranteil gefertigt – trotzdem ausgesprochen lecker und dazu sehr gesund. Neben den Kuchenköstlichkeiten gibt es bei Anna auch herzhafte Speisen, fangfrischen Ostseefisch und vegetarische Gerichte. Die Zutaten kommen aus der Region und aus dem Meer, und das Ambiente der direkt am Hafen von Langballigau gelegenen gastronomischen Einrichtung stimmt ebenfalls.

Anna und Meehr
Am Hafen 9
24977 Langballigau
T. 04636 97 99 824
www.anna-und-meehr.de

8 Entdecken
Langballigau

Maritimes Ambiente am Hafen Langballigau

Da kann man mal die Seele baumeln lassen und das maritime Flair an der Flensburger Förde genießen, entweder die Promenade entlang flanierend, auf einer Bank oder am Strand sitzend oder vom Stuhl einer der zahlreichen gastronomischen Betriebe aus. Der Blick schweift auf das Wasser der Förde, hinüber zum dänischen Festland, auf bewaldete Ufer und auf die zahlreichen Sport- und Fischerboote, die über das Wasser dümpeln und den Hafen ansteuern. Fährfahrten nach Dänemark hinüber sind von hier möglich und der kleine Kreishafen bezeichnet sich gern als schönstes Tor zur dänischen Inselwelt. Die kulinarische Versorgung ist gut. Vom Eis oder Fischbrötchen auf die Hand kann man auch den fangfrischen Ostseefisch oder andere Spezialitäten genießen.

im-jaich heimathafen Langballigau
Strandweg 5
24977 Langballigau
T. 04636 97 62 65
www.im-jaich.de/hafen/heimathafen-langballigau

9 Entdecken
Langballigau–Sonderburg

Besuch beim dänischen Nachbarn

Die *MS Feodora II* startet während der im Mai beginnenden Saison vom Hafen Langballigau aus ins benachbarte, dänische Sonderburg hinüber. Die etwa 50 Minuten dauernde Fahrt führt um die Halbinsel Broager herum über die Flensburger Förde in das kleine beschauliche Städtchen am Alsensund, das als bedeutendste Jugendstilstadt Dänemarks gilt. Hauptattraktion ist das Schloss, das man sogleich bei der Einfahrt in den Hafen passiert. Das moderne Museum informiert im Inneren der Gemäuer über die Geschichte von Südjütland und Nordschleswig; sehenswert ist auch die Renaissance-Schlosskapelle. Etwas außerhalb der Stadt liegen die Düppeler Schanzen (heute interessantes Geschichtsmuseum), die während der deutsch-dänischen Auseinandersetzungen 1864 durch preußische Truppen erobert wurden. Allerdings hat man nur 2,5 Stunden Zeit für den Landgang in Sonderburg. So bleibt vielleicht immerhin noch Zeit für ein Risted Hot Dog oder ein leckeres dänisches Eis – köstlich, aber auch nicht ganz billig.

Schiffstour nach Dänemark
Nordische Ausflugsschifffahrts GmbH
Keeleng 3
24975 Husby
T. 04634 93 11 079
www.nas-feodora.de

10 Entdecken
Langballigau

Zu Fuß durch eines der schönsten Bachtäler Schleswig-Holsteins

Wem das Hafentreiben in Langballigau zu quirlig ist, der kann sich bei einer kleinen Wanderung durch eines der schönsten Bachtäler Schleswig-Holsteins erholen. Neben dem mäandrierenden Flusslauf finden sich in dem Naturschutzgebiet Hanglaubwälder, Erlen-Eschen-Wälder, Sumpfwiesen, Seggen- und Schilfbestände sowie Feuchtgrünländer, in denen Robustrinder weiden. In den Hochstauden wachsen Mädesüß, Kohldistel und Wald-Engelwurz. Vielleicht lässt sich auch eine Ringelnatter, ein Eisvogel oder eine Gebirgsstelze beobachten. Die Langballigau mündet in die Ostsee und der Startpunkt der Wanderung befindet sich auf der anderen Seite der Haffstraße. Bis zum Landschaftsmuseum Unewatt sind es rund vier Kilometer. Gutes Schuhwerk ist – wie stets beim Wandern – zu empfehlen; die Wege können matschig sein.

Wanderung durchs Tal der Langballigau
Touristinformation Langballig
Süderende 1
24977 Langballig
T. 04634 88 80
www.flensburger-foerde.de

11 Entdecken
Unewatt

Das Landleben vergangener Zeiten

In dem Konzept des Museums sind Dorf und Museum eng miteinander verwoben. Die Kurzformel hierfür lautet: ein Dorf mit Museum und ein Museum mit Dorf. Ein knapp zwei Kilometer langer Rundweg erschließt dem Besucher die fünf Stationen, sogenannte Museumsinseln, in dem Dorf. Neben dem Marxenhaus und der Christesen-Scheune sind das Transformatorhaus/die Räucherei, die Buttermühle und die Windmühle „Fortuna" die weiteren Museumsinseln. Wohnbedingungen in einem typischen Südangeliter Fachhallenhaus, Butterherstellung, Räucherei und Landmaschinenausstellung sind nur einige der vorgestellten Themen. In der voll funktionsfähigen Galerieholländer-Mühle „Fortuna" von 1878 werden die historischen Arbeitsabläufe der Getreideherstellung vorgestellt.

Landschaftsmuseum Angeln/Unewatt
Unewatter Straße 1a
24977 Langballig
T. 04636 10 21
www.museum-unewatt.de
Mai bis September:
Di–So 10–17 Uhr
Oktober bis April:
Fr–So 10–17 Uhr

12 Genießen
Dollerup

Von Apfelsaft und Apfelbrand

Die Getränkekreativwerkstatt in Dollerup, wie sie sich nennt, liegt direkt an der B 199 und ist die nördlichste Brennerei Deutschlands. In der Destillationsanlage werden hochwertige Destillate verarbeitet, in der Mosterei Äpfel und anderes Obst gepresst. In dem Hofladen des Biolandbetriebes kann man Obst und Obstprodukte erwerben. Er ist Mitglied bei der Stiftung Naturschutz und Feinheimisch. In der Eventgastronomie finden kulturelle und kulinarische Veranstaltungen statt. Beliebt sind die Brennereiseminare, aber auch das Schaubrennen und die Betriebsführungen. Probieren Sie mal den Dolleruper Whisky, den destillierten Gin, den fassgelagerten Apfelbrand oder Spezialitäten wie den Haselnussgeist oder den Karottenbrand.

Dolleruper Destille
Neukirchener Weg 8a
24989 Dollerup
T. 04636 97 60 30
www.alles-apfel.com
Mo–Fr 10–18 Uhr, Sa 11–16 Uhr

13 Genießen
Gelting

Gemütliche, nachhaltige Unterkunft und Café

Janbecks FAIRhaus ist das erste klimapositive Hotel Schleswig-Holsteins und hat auch den ersten Nachhaltigkeitspreis des Landes erhalten. Das sagt schon einiges über das Ökologie- und Nachhaltigkeitskonzept der Herberge. Schonender Umgang mit der Natur, Ressourcen bewahren, selbsterzeugte Energie, regeneriertes Wasser und handgemachte Produkte aus der Region, das sind nur einige der vielfältigen Aspekte der mit Engagement und liebevoll eingerichteten Ferienwohnungen und Appartements. Für jede Übernachtung wird ein Baum gepflanzt. Im Bauernhofcafé FAIRcafé gibt es entweder im skandinavischen Ambiente des Inneren oder im gemütlichen Bauerngarten leckeres Frühstück und kreative Torten und Blechkuchen mit Zutaten aus der Region und natürlich fair gehandelten Kaffee.

Janbeck's FAIRhaus
Lehbeck 10
24395 Gelting OT Lehbek
T. 04643 18 65 01
www.janbecks.de
Café: Do–Di 11–18 Uhr

14 Genießen
Falshöft

Praxis und Café

In einem der ältesten Gebäude von Falshöft aus dem Jahr 1859 befindet sich seit 1997 das Café Lichthof. Zwei Jahre zuvor wurde dort eine Praxis für Schmerzselbsthilfe eingerichtet. Die ungewöhnliche Verbindung von Praxis und Café besteht bis heute. Der Name soll die positiven Assoziationen des Lichts mit Wärme, Wohlbefinden, Energie und Hoffnung verbinden. In den liebevoll eingerichteten Stubencafé-Räumen des reetgedeckten Hauses oder im Garten kann man sich stilvoll mit den kulinarischen Köstlichkeiten des Café-Angebotes verwöhnen lassen. Bisweilen finden kleinere künstlerische Ausstellungen oder kulturelle Veranstaltungen in den Räumlichkeiten des Lichthofes statt.

Café Lichthof

Falshöft 29
24395 Nieby
T. 04643 13 54
www.lichthof-angeln.de
Ab Rapsblüte: Di–So 12–18 Uhr, Fr u. Sa bis 21 Uhr
In der gesamten übrigen Zeit: Sa, So u. feiertags 12–18 Uhr, Sa bis 21 Uhr
November bis Dezember: geschlossen

15 Entdecken
Falshöft

Ein Stück Wildnis am Gestade der Ostsee

In der Geltinger Birk finden wir ein interessantes Mosaik aus sehr unterschiedlichen Naturlebensräumen der Ostsee. In dem teilweise bereits seit 1934 unter Naturschutz stehenden Gebiet wurden und werden viele Naturschutzmaßnahmen wie Salzwassereinstrom, Kleingewässeranlagen, extensive Beweidung mit Koniks, Schafen und Robustrindern und anderes umgesetzt. Viele ausgewiesene Wandermöglichkeiten durchziehen das Gebiet und auch eine Umrundung der Halbinsel per Fahrrad ist möglich. Informieren kann man sich sowohl beim Naturschutzwart in der Infohütte an der Westseite bei Beveroe als auch in der Integrierten Station Geltinger Birk in Falshöft. Ein guter Ausgangspunkt für eine Wanderung ist der Parkplatz (mit Imbiss) nahe der Erdholländerwindmühle „Charlotte“, dem Wahrzeichen der Birk. Start für ein wunderbares naturkundliches und landschaftliches Ostsee-Naturerlebnis.

Geltinger Birk
Falshöft 11
24395 Nieby
T. 04643 18 60 930
www.geltinger-birk.de

16 **Erleben**
Falshöft

Heiraten und den Ausblick genießen

Der rot-weiß gezeichnete Leuchtturm Falshöft, dessen Lichtstrahl 28 Kilometer weit zu sehen war, wurde in den Jahren 1908 bis 1910 erbaut und war 92 Jahre in Betrieb. Im Jahr 2002 wurde das Leuchtfeuer gelöscht – ein Schicksal, das viele Leuchtfeuer an den Küsten mittlerweile ereilt hat. Der Turm in Falshöft ist denkmalgeschützt und wird von einem Förderverein betrieben. An manchen Tagen lässt sich der Leuchtturm besichtigen und der herrliche Ostseeblick aus 23 Metern Höhe genießen. Heiraten kann man auch im Falshöfter Leuchtturm und ein Museum befindet sich im Aufbau.

Leuchtturm Falshöft
24395 Pommerby OT Falshöft
T. 04643 18 55 480
www.leuchtturm-falshoeft.de

17 Entdecken
Hasselberg

Schuhe und Socken bitte am Eingang abgeben

Barfuß laufen ist gesund und im BARFUSSpark Schwackendorf können Sie Ihre Fußsensorik auf unterschiedlichen Untergründen von moorig-matschig bis steinig-geröllig testen. Auf dem 2,5 Hektar großen Gelände gibt es nicht nur für die Füße viel zu entdecken und zu erleben. Auch der Gleichgewichtssinn wird trainiert. Das ist gerade für Kinder, die heute zu viel Zeit an irgendwelchen großen und kleinen Bildschirmen verbringen, ein besonderes Erlebnis. Darüber hinaus gibt es auch einen Streichelzoo mit u. a. Ziegen, Kaninchen, Hühnern, Mini-Schweinen und Mini-Ponys sowie eine Minigolfanlage. In der Eventscheune können größere Gruppen untergebracht oder Veranstaltungen durchgeführt werden.

BARFUSSpark Schwackendorf
Schwackendorf 37
24376 Hasselberg
T. 04642 96 51 78
www.barfusspark-schwackendorf.de
18. April bis 20. Oktober:
Mo–Fr 10–18 Uhr,
Sa u. So 10–19 Uhr

18 Entdecken
Süderbrarup

Ausnahmezustand in Süderbrarup

An jedem letzten Juli-Wochenende findet in Süderbrarup der größte ländliche Markt in Schleswig-Holstein statt. Der Jahrmarkt konnte 2018 sein 425-jähriges Jubiläum feiern. Graf Adelbert Baudissin schrieb 1865 in seinem Buch Schleswig-Holstein Meerumschlungen: „Ich will Angeln nicht Lebewohl sagen, ehe ich des Volksfestes erwähnt habe, das in früheren Zeiten noch mehr als jetzt der Inbegriff aller Glückseligkeit der Knechte und Mägde war, und selbst in den entlegeneren Theilen Schleswigs in so hohem Ansehen stand, daß man Leute viele Meilen zurücklegen sah, um an diesem Feste Theil zu nehmen, die sonst nicht aus ihren vier Pfählen herauszubringen waren; ich meine den Jahrmarkt zu Brarup, der in den letzten Tagen des Juli abgehalten wird und drei und einen halben Tag dauert." Viel Spaß also beim Riesenrad oder Fahren des historischen Karussells, beim Entenangeln oder „Hau den Lukas" – und stets etwas Zuckerwatte oder gebrannte Mandeln in der Hand.

Brarup-Markt
Am Markt 1
24932 Süderbrarup
www.brarupmarkt.de

19 Erleben
Steinfeld

Kerzen selbst produzieren

Nicht weit von der Schlei befindet sich das KerzenHuus, wo jedermann sich seine Kerzen selbst herstellen kann. Besonders für Kinder (ab sechs Jahren) ein Spaß, bei dem man etwas über eine alte Handwerkstechnik lernt. Und zudem entstehen gleich schöne, selbstgemachte Mitbringsel oder Geschenke für das nächste Weihnachtsfest. Fast 20 verschiedene Wachsfarben stehen in Fässern bereit und man kann sich seine Kerze ziehen, von einfarbig schlicht über farblich geschmackvoll abgestimmt, künstlerisch bis knallig bunt. Auch Wachsschalen und Wachsbilder nach einer Fotovorlage können angefertigt werden. Während die Kerzen trocknen, kann man sich einen Kaffee oder Cappuccino genehmigen oder den Laden mit den Dekorationsartikeln durchstöbern.

KerzenHuus
Loiter Straße 1
24888 Steinfeld
T. 04622 41 48 866
www.kerzenhuus.de
Juli bis April: Di–Fr 11–18 Uhr,
Sa u. So 13–18 Uhr

20 Entdecken
Schaalby

Nutzung der Wasserkraft

Nicht nur Windmühlen, sondern auch Wassermühlen haben den Menschen in früheren Zeiten viel Arbeit abgenommen. Wie dies funktionierte, kann man in der denkmalgeschützten und in Privatbesitz befindlichen Wassermühle in Schaalby erfahren. In dem historischen Mühlengebäude von 1842 wird das Wasser des oberhalb gelegenen Mühlenteiches über ein oberschlägiges Holzkammrad mit einem Durchmesser von 4,80 Metern und einem Gewicht von sechs Tonnen geleitet. Führungen zur Technik und Geschichte der Mühle werden angeboten, aber auch gerade für Schüler interessante Themen wie „Vom Korn zum Brot" können gebucht werden.

Wassermühle Schaalby
Mühlenstraße 4
24882 Schaalby
T. 04622 24 46
www.museen-sh.de/Museum/DE-MUS-743811
tgl. rund um die Uhr

21 Erleben
Tolk

Buntes Programm im Familien-Freizeitpark

Da sollten die lieben Kleinen doch einen Tag gut beschäftigt sein, mit Familien-Achterbahn, Sommerrodelbahn, Autoscooter, Bootsrutsche, Riesen-Hüpfburg oder bei der Floß- oder Ruderbootfahrt. Klettergerüste, Bahnen, Attraktionen, Karusselle und Ausstellungen, wo man hinsieht. Im Tal der Dinosaurier sind über hundert Dinos in Lebensgröße zu bestaunen, aber auch Urwelttiere und die Entwicklung des Menschen sind dargestellt. Im Hirschpark und Ziegengehege gibt es lebende Tiere zu sehen, und Modelle von Insekten stehen am Wegesrand. Für ein Picknick kann man sich eine der über 50 Grillhütten reservieren. Nach einem solchen Tag werden die Kinder am Abend wohl erschöpft und zufrieden in ihre Betten sinken.

Familien-Freizeitpark Tolk-Schau
Tolkschau 1
24894 Tolk
T. 04622 922
www.tolk-schau.de
10–18 Uhr, Ruhetage s. Homepage

22 Erleben
Nübel

Brandbekämpfung in früheren Zeiten

Angeln ist außerordentlich reich an kleinen Dorfmuseen, Sammlungen und Ausstellungen, wie z. B. das Feuerwehrmuseum in Nübel. Bereits seit 1960 hat Kurt Hansen damit angefangen, für sein Feuerwehrmuseum zu sammeln. Inzwischen umfasst die Sammlung 2000 Exponate wie Beatmungsgeräte, Spritzen und Schläuche, aber auch Uniformen, Urkunden und Ehrenabzeichen. Die inzwischen von der Gemeinde übernommene Ausstellung wird seit 2010 im Obergeschoss des Dorfgemeinschaftshauses gezeigt und dokumentiert die Feuerwehrgeschichte von 1870 bis 1945.

Feuerwehrmuseum Nübel
Küsterstraße 3
24881 Nübel
T. 04621 56 66
www.museen-nord.de/
museum/DE-MUS-743519

23 Erleben
Idstedt

Die verlustreichste Schlacht Nordeuropas

Es ist heute nicht mehr vorstellbar, dass 37 000 dänische und 26 000 deutsche junge Männer in einer Schlacht aufeinander losgehen und sich mit großkalibrigen Bleigeschossen übelste Verwundungen und Verstümmelungen zufügen. Doch so war es am 25. Juli 1850 in der Schlacht bei Idstedt. Am Ende waren 1455 Soldaten tot, 5000 verwundet. Das Dorf Idstedt brannte fast völlig nieder. In der einige Kilometer nördlich von Schleswig gelegenen Idstedt-Gedächtnishalle finden sich Dokumente, Gemälde, Ausrüstungsgegenstände und Waffen der dänischen und deutsch gesinnten schleswig-holsteinischen Truppen. Auch über die schleswig-holsteinische Erhebung gegen Dänemark der Jahre 1848–1951 wird informiert. Bei Gedenkveranstaltungen zur Schlacht gedenken heute Dänen und Deutsche gemeinsam der Opfer der Kampfhandlungen, die als – wenig ruhmreicher Titel – verlustreichste Schlacht auf nordeuropäischem Boden in die Geschichte eingegangen sind.

Idstedt-Museum/Idstedt-Gedächtnishalle
Idstedtkirche 3
24879 Idstedt
T. 04625 402
www.museen-sh.de/Museum/DE-Mus-069118
April bis Oktober: Fr–So 11–17 Uhr

24 Entdecken
Lürschau

Von Gräbern und Räubern

In der Räuberhöhle von Idstedt lebten vielleicht dereinst tatsächlich Räuber, die Vorbeireisende in den Wäldern überfielen. Auf jeden Fall war die Anlage vor etwa 5000 Jahren ein Großsteingrab. Wenn man sich die neun Wandsteine und drei mächtigen Deckensteine ansieht, versteht man, warum von Hünengräbern die Rede ist: Ihre Erbauer müssen hünenhaft groß und kräftig gewesen sein. Das Megalithgrab wurde 2900–2600 v. Chr. von Mitgliedern der sogenannten

Trichterbecherkultur erbaut, die sich bereits mit Ackerbau und Viehzucht beschäftigten. Sie finden die jungsteinzeitliche Anlage, wenn Sie von Schleswig nach Idstedt fahren und hinter dem Abzweig „Wilhelmslust“ rechts den Waldparkplatz ansteuern. Von dort sind es noch einige Gehminuten parallel zur K 44.

Räuberhöhle Idstedt
Ahrenholzfeld 1a
24850 Lürschau

25 Entdecken
Frörup

Wandern durch Berg und Tal

Die Fröruper Berge sind bereits seit 1936 als 90 Hektar großes Naturschutzgebiet ausgewiesen worden. Diese eiszeitlich entstandene, abwechslungsreiche Stauchendmoränenlandschaft ist landschaftlich wie naturkundlich interessant und durch ein ausgedehntes Wanderwegenetz erschlossen. Schön ist eine Umrundung des Budschimoors, wo noch die Bleichmoose und Wollgräser, Sonnentau und diverse Erikagewächse als typische Hochmoorbewohner zu beobachten sind. Schön ist auch der Blick von der Aussichtsplattform, von der man über das Tal des Ihlseestroms blicken kann.

Fröruper Berge
www.treeneland.de/wanderwege/tal-und-berge

26 Genießen
Sörup

Köstlicher Ziegenkäse von Deutschen Edelziegen

Auf dem im Jahr 2000 übernommenen Hof der Jahnkes kamen 2004 die ersten vier Deutschen Edelziegen. Heute sind es 60 Tiere und die Produktion von Ziegenmilch-Erzeugnissen läuft auf Hochtouren. Ziegenmilch ist gesund, besitzt viele Inhaltsstoffe und ist sogar etwas verträglicher als Kuhmilch und daher für Kuhmilch-Allergiker eine geeignete Alternative. In dem Hofladen gibt es neben Ziegenmilch auch Ziegenbutter, Ziegenfrischkäse, Ziegenfleisch und Ziegenfleischprodukte. Und natürlich Ziegenkäse in diversen Variationen, bei denen auch immer wieder neue entwickelt werden. Da gibt es zum Beispiel den Schnittkäse Ziegenknopf, Ziegenmilchkäse nach Feta-Art, Ziegenbatzen und Hofkäse.

Jahnkes Ziegenkäse
See-Ender-Straße 6
24966 Sörup
T. 04635 15 75
www.jahnkes-ziegenkaese.de
März bis Oktober:
Di u. Fr 13–17 Uhr,
Sa 10–12 Uhr u. 13–18 Uhr
November bis Februar: nur nach tel. Vereinbarung

27 Erleben
Süderbrarup

Vorbei an mittelalterlichen Dorfkirchen

Eine vergleichbare Dichte schöner, mittelalterlicher Dorfkirchen wie in Angeln findet man kaum anderswo. 36 der Kirchen Angelns wurden um das Jahr 1200 im romanischen Stil erbaut. Neben Feld- und Quadersteinen wurde auch Backstein als Baumaterial verwendet. Eine circa 50 Kilometer lange Radtour führt nicht nur durch die sanft hügelige, von zahlreichen Knicks durchzogene Landschaft im zentralen Angeln, sondern auch an einer ganzen Reihe von alten Dorfkirchen vorbei. Startpunkt ist der Ort Süderbrarup, in dem es auch einen Bahnhof gibt. Von dort geht es an der Kirche in Boel (Foto) weiter zu den Kirchorten Satrup, Sörup und Sterup. Nach dem Passieren der Kirchen in Esgrus und Norderbrarup geht es zurück zur Feldsteinkirche St. Jacobi von Süderbrarup.

Kirchentour durch Zentralangeln
24392 Süderbrarup

28 Erleben

Steinbergkirche

Blick über die Ostsee nach Dänemark

Der Scheersberg ist zwar mit einer Höhe von 71 Metern nur der zweithöchste Berg Angelns, aber zusammen mit dem 31 Meter hohen Bismarckturm bietet sich von hier der mit Abstand beste Ausblick über die Landschaft Angelns und bis nach Dänemark hinüber. In den vier Etagen des Turmes können die Besucher beim Aufstieg zur Aussichtsplattform die geschichtlichen Ausstellungen ansehen, bei denen es um den Turmbau, weitere Bismarcktürme bei uns, den Personenkult Otto von Bismarcks, die deutsch-dänische Geschichte sowie Angeln in der NS-Zeit geht. Falls der Turm nicht geöffnet ist, bitte im Sekretariat der IBJ nachfragen. Der Besuch lässt sich auch mit einer kleinen Wanderung verbinden, bei der man an der Kirche in Quern startet, über Kleinquern zum Scheersberg und nach Steinbergkirche wandert, um von dort über Hattlundmoor wieder nach Quern zu gelangen.

Scheersberg – Internationale Bildungsstätte Jugendhof (IBJ)

Scheersberg 2
24972 Steinbergkirche
T. 04632 84 800
www.scheersberg.de

29 Entdecken
Warder

Angelner Haus- und Nutztierrassen

Es gibt zwei Haustierrassen, die namentlich und von ihrer Herkunft her mit der Landschaft Angeln verbunden sind: das Angler Rind und das Angler Sattelschwein. Beide Rassen gelten heute als selten und extrem gefährdet. Beide sind im Haustierschutzpark Arche Warder nördlich von Nortorf zu besichtigen. Das dunkelbraune bis sattbraune Angler Rind ist eine wunderschöne Rinderrasse, deren Bestand im alten, ursprünglichen Typ auf nur noch lediglich 400 Tiere geschätzt wird. Ansonsten sind die heute als Angler Rinder bezeichneten Tiere hochgezüchtet und auch das Angler Rind wurde vielfach in andere Rinderrassen eingekreuzt. Typisch für das in Angeln 1937 gezüchtete Angler Sattelschwein ist die helle, sattelähnliche Zeichnung über Schulter und Vorderbeine.
Die einst so populäre Robustrasse ist heute nur noch selten anzutreffen.

Haus- und Nutztierpark Arche Warder
Langwedeler Weg 11
24646 Warder
T. 04329 91 340
www.arche-warder.de
tgl. 10–20 Uhr, Herbst u. Winter bis Einbruch der Dunkelheit

Schleswig

1 **Entdecken**
Schleswig

Burg, Schloss, Kaserne und Museum

Für einen Besuch des Schlosses Gottorf und seiner Museen können Sie getrost einen ganzen Tag einplanen. Zehn Millionen Funde aus 80 000 Jahren Menschheitsgeschichte lagern in dem Schlossgebäude, das auf eine bewegte 800-jährige Geschichte zurückblickt. Anfangs als mittelalterliche Burg und Renaissancefestung genutzt, wurde es später ein Barockschloss und zum Teil als Kaserne und Flüchtlingslager verwendet. Seit 1948 finden wir hier das Landesmuseum für Archäologie und das Landesmuseum für Kunst und Kulturgeschichte. Interessante Funde aus der Stein-, Bronze- und Eisenzeit begeistern die Besucher wie das bekannte Nydam-Boot aus dem 3. Jahrhundert oder lassen sie erschaudern wie die 1800 Jahre alten Moorleichen. Möbel, Kunsthandwerk und Kunst reichen von der kirchlichen Kunst der Romanik und Spätgotik über Barock, Biedermeier und Jungendstil bis hin zur klassischen Moderne und Gegenwart. Werke dänischer und deutscher Künstler vom 19. bis zum 21. Jahrhundert sind vertreten. Auch ein Gang durch die umliegenden Parkanlagen des Schlosses, einem der bedeutendsten Profanbauten des Landes, lohnt sich. Mehr als 60 Skulpturen säumen den Weg des kunstinteressierten Wanderers.

Schloss Gottorf
Schlossinsel 1
24837 Schleswig
T. 04621 81 32 22
www.schloss-gottorf.de
Di–Fr 10–17 Uhr, Sa u. So 10–18 Uhr (im Winter jeweils eine Stunde früher geschlossen)

2 Erleben
Schleswig

Das erste Planetarium der Welt
Etwa 800 Meter Fußweg vom Schloss Gottorf und der Museumsinsel entfernt, liegen der Barockgarten und das Globushaus. Die 2007 rekonstruierte Gartenanlage war dereinst die erste frühbarocke Terrassengartenanlage nördlich der Alpen und bekannt für ihren Artenreichtum von 1200 Pflanzenarten, darunter Zitrusfrüchte, Aloen und Ananasgewächse. Sie wurden im sogenannten Gottorfer Codex, einem vierbändigen Buchwerk mit heute noch beeindruckenden Farbbildern des

Hamburger Künstlers Hans Simon versehen, im Auftrag Herzog Friedrichs III. erstellt. Nicht minder beeindruckend und weltweit berühmt ist der Gottorfer Globus, der als erstes Planetarium der Welt gilt. Erd- und Himmelsdarstellung werden auf wunderbare Weise und für die damalige Zeit erstaunlich detailliert und exakt entworfen und dargestellt. Von April bis Oktober geht es an elf erläuternden Stationen durch die barocke Parkanlage (Foto) und Besucher können an Führungen in den Gottorfer Globus teilnehmen.

Gottorfer Riesenglobus
Schloss Gottorf
Schlossinsel 1
24837 Schleswig
T. 04621 81 32 22
www.schloss-gottorf.de
April bis Oktober: Mo–Fr 10–17 Uhr, Sa u. So 10–18 Uhr

3 Genießen
Schleswig

Speisen bei grandiosem Ausblick

Das markante achteckige Hochhaus am Ende der Schleiförde prägt das Stadtbild und ist mit seinen 29 Stockwerken und einer Höhe von etwa 90 Metern eines der auffälligsten Bauten der Stadt. Der Wikingerturm wurde 1973 fertiggestellt. Eigentlich sollte das Projekt zu den Olympischen Spielen 1972, deren Segelwettkämpfe in Kiel stattfanden, fertig sein. Da reichte es allerdings nur zum Richtfest. Im 26. Stock des Gebäudes befindet sich das Wikingturm Restaurant, das nicht nur regionale und saisonale norddeutsche Küche liefert, sondern auch einen unvergleichlichen Ausblick auf Schleswig, die Schlei und das Umland bietet. Es gibt auch vegetarische und vegane Gerichte im Angebot sowie Kaffee und Kuchen.

Wikingturm Restaurant
Wikingeck 5
24837 Schleswig
T. 04621 330 40
www.wikingturm-restaurant.de
März bis Dezember:
Di–So 12–22 Uhr
Januar bis Februar:
Mi–So 12–22 Uhr

4 Entdecken und Genießen
Schleswig

Gesunde und hochwertige Fleisch-Delikatessen von Extensivweiden

Galloways, aber auch Schottische Highland Cattle und Konik-Wildpferde sieht man an vielen Stellen in Schleswig-Holstein, wo sie vor allem in Naturschutzgebieten und auf Extensivweiden ihre landschaftspflegerische Arbeit verrichten. Diejenigen im Stiftungsland Schäferhaus, in den Gebieten Holnis, Geltinger Birk und Schwansener See an der Ostsee, im Naturschutzgebiet Bültsee bei Eckernförde und anderen gehören dem Verein Bunde Wischen, der in Schleswig einen Bioland-Hof betreibt. Das Fleisch der Galloways wird direkt vermarktet, und neben den Unterkunftsmöglichkeiten auf dem Hof gibt es auch einen 2003 eröffneten Hofladen, in dem hochwertiges und schmackhaftes Fleisch, Fleischprodukte und diverse weitere Bioprodukte aus der Region zu erwerben sind. Bei der Fleischverarbeitung wird kein Nitritpökelsalz, Milcheiweiß, keine Geschmacksverstärker und kein Phosphat verwendet. Besuchen Sie mal den gemütlichen Hofladen und testen Sie das Fleisch von den wilden Weiden Schleswig-Holsteins.

Bunde Wischen
Königswiller Weg 13
24837 Schleswig
T. 04621 98 40 80
www.bundewischen.de
Di–Fr 9–18 Uhr, Sa 9–13 Uhr

5 Entdecken Schleswig

Alte Gemäuer in Schleswig
Die wichtigsten historischen Bauten um den Dom kann man auf einer kleinen Rundwanderung von einem Kilometer entdecken. Ein guter Startpunkt ist der westlich des Doms gelegene Plessenhof von 1798, wo sich heute die Touristinformation und das Haus der Wirtschaft befinden. Vorbei am Bischofshof und dem 1134 erstmals erwähnten Dom passieren wir in Richtung Osten verschiedene ältere Gebäude, darunter das Marienhospital und die Alte Hofapotheke (mit Café), die 1517–1952 als solche genutzt wurde; immerhin das älteste erhaltene Gebäude der Stadt. Am Rathausmarkt steht neben dem klassizistischen Backsteinbau des Rathauses das Graukloster, das heute von der Stadtverwaltung genutzt wird. Die Rundtour lässt sich durch einen nördlichen oder südlichen Schlenker über den Stadthafen wieder zurück zum Plessenhof beenden. Die Teilnahme an geführten Rundgängen ist ebenfalls möglich.

Rundwanderung durch Schleswig
Touristinformation Schleswig
Plessenstraße 7
24837 Schleswig
T. 04621 85 00 56
www.ostseefjordschlei.de

6 **Entdecken**
Schleswig

Eichenholzschnitzerei im Dom St. Petri

Der von den Schleswigern gern als Petersdom bezeichnete Dom St. Petri prägt mit seinem 112 Meter hohen Turm, der erst 1888–1894 hinzugefügt wurde, das Stadtbild. Bereits im frühen 12. Jahrhundert wurde mit dem Bau begonnen, und nicht nur das Gebäude, sondern auch die überragende Ausstattung zeugen von der historischen Bedeutung der Stadt. Neben vielen Kunststücken wie der Dreikönigsgruppe, dem Grabmal für König Friedrich I. oder dem Gemälde Blaue Madonna des Malers Jürgen Ovens ist vor allem der sogenannte Bordesholmer Altar, der 1666 aus dem Kloster Bordesholm in den Schleswiger Dom gebracht wurde, besonders sehenswert. Der 12,60 Meter hohe und 7,14 Meter breite spätgotische Hochaltar des Bildschnitzers Hans Brüggemann zeigt anhand von 392 Eichenfiguren in 14 Abteilungen die Leidensgeschichte und Auferstehung Christi. Sieben Jahre, von 1514–1521, hat Brüggemann mit seinen Helfern an dem Kunstwerk gearbeitet.

Schleswiger Dom
Norderdomstraße 4
24837 Schleswig
T. 04621 98 95 95
www.nordkirche.de

7 Entdecken
Schleswig

Alte Fischersiedlung an der Schlei

Das Auto bleibt schon mal draußen und auch sonst scheint die Zeit stehen geblieben zu sein auf dem Holm, der kleinen, hübschen Fischersiedlung, die auf einer ehemaligen Insel in der Schlei gelegen ist. Die schmucken Häuser mit Fachwerk aus dem 18. und 19. Jahrhundert mit ihren Rosenstöcken gruppieren sich kreisförmig um den zentralen Friedhof, in dessen Mitte die kleine Kapelle von 1876 steht. Flanieren Sie durch die Kopfsteinpflastergassen, sehen Sie den Fischern bei der Arbeit zu und genießen Sie den Ausblick auf die kleinen an der Schlei gelegenen Fischerbötchen und trocknenden -netze. Ein Besuch des Holm-Museums darf natürlich auch nicht fehlen.

Holm-Museum
Süderholmstraße 2
24837 Schleswig
T. 04621 93 68 20
www.stadtmuseum-schleswig.de/das-holm-museum
tgl. 10–18 Uhr

8 Entdecken
Schleswig

Ein Rundgang durch gut erhaltene alte Gemäuer

Wer dem Holm einen Besuch abstattet, sollte auch das 1194 von Benediktinerinnen gegründete Kloster St. Johannis besuchen, immerhin die am besten erhaltene, mittelalterliche Klosteranlage in Schleswig-Holstein. Man kann durch das nahe der Schlei gelegene Parkgelände und die Anlage flanieren. Die Klosterkirche und der Kapitelsaal können nur im Rahmen von Führungen besichtigt werden, die von der Klosterverwaltung und der Touristinformation angeboten werden. Auch der Besuch von Konzerten, Lesungen und anderen Veranstaltungen im Kloster ist sehr reizvoll.

St.-Johanniskloster Schleswig
Am St. Johanniskloster 8
24837 Schleswig
T. 04621 24 236
www.st-johannis-kloster.de

9 Entdecken
Schleswig

Die Botanische Erkundung der Bibel

Das Bibelzentrum der Evangelisch-Lutherischen Kirche in Norddeutschland befindet sich seit 1994 im Probstenhaus auf dem Gelände des Klosters St. Johannis und möchte Menschen neue, lebendige und ganzheitliche Zugänge zur Bibel erschließen. Dazu gehören eine kleine Erlebnisausstellung zur Geschichte der Bibel sowie ein anliegender Steinskulpturengarten zum Thema Tiere und Propheten der Bibel und der Bibelgarten. Zahlreiche Pflanzen finden in den Heiligen Schriften der Juden und Christen Erwähnung oder stehen im Zusammenhang mit christlicher Symbolik wie die Passionsblume, die Mariendistel, die Christrose, der Judassilberling, die Zypresse, der Johanisbrotbaum und die Dattelpalme. Diese und viele weitere finden Sie mit Erläuterungen versehen in dem Bibelgarten.

Bibelzentrum Schleswig
Am St.-Johanniskloster 4
24837 Schleswig
T. 04621 25 853
www.bibelzentrum-schleswig.de

10 Entdecken Schleswig

Von Stadtgeschichte, Teddybären und Fotokunst

Das Stadtmuseum Schleswig, das seit 1879 existiert, gilt als eines der traditionsreichsten Museen des Landes. Seit 1932 befinden sich die Sammlungen in dem Gebäudekomplex des Günderothschen Hofes, dessen rotgestrichenen Hauptbau bereits der Gottorfer Herzog Friedrich III. 1634 in Auftrag geben hat. Impressionen aus der wechselvollen Geschichte Schleswigs vom Mittelalter bis zur Gegenwart sind zu besichtigen. Das Teddy Bär Haus und eine historische Druckerei gehören zum Ensemble dazu. Im Rahmen des S-Foto-Forums werden vielbeachtete fotografische Ausstel-

lungen zeitgenössischer Künstler präsentiert, die in den Räumlichkeiten der Ausstellungshalle und des Stalls zu sehen sind. Eine Dependance des Stadtmuseums ist das im Präsidentenkloster angesiedelte Museum für Outsiderkunst.

Stadtmuseum Schleswig
Friedrichstraße 9–11
24837 Schleswig
T. 04621 93 68 20
www.stadtmuseum-schleswig.de
Di–So 10–17 Uhr

11 **Erleben**
Busdorf

Zurück in die Wikingerzeit

Das Wikingermuseum Haithabu in Haddeby bei Schleswig ist eines der bedeutendsten archäologischen Museen Deutschlands und darf sich neuerdings auch mit dem Titel „Weltkulturerbe Haithabu und Danewerk“ schmücken. Die moderne Ausstellung gibt interessante Einblicke in das Leben der Wikinger vom 9. bis 11. Jahrhundert, als die Handelsstadt Haithabu nicht nur eine der größten Städte Europas war, sondern auch eine der wichtigsten Handelsmetropolen. Zahlreiche Originalfunde vom kleinen Schmuckstück bis zum Runenstein und kompletten Schiff werden ausgestellt und in den historischen Kontext gerückt. Die Ausstellung und die nahe gelegene, rekonstruierte Siedlung am historischen Ort sowie zahlreiche Veranstaltungen machen das Leben in einem frühmittelalterlichen Hafen- und Handelsort auf wunderbare Art erlebbar.

Wikinger Museum Haithabu
Am Haddebyer Noor 3
24866 Busdorf
T. 04621 81 31 22
www.haithabu.de
tgl. 9–17 Uhr

12 Erleben
Busdorf

Wanderung um das Haddebyer Noor

Das Wikingermuseum Haithabu liegt an einer von der Schlei abgeriegelten Bucht, einem sogenannten Noor. Das Haddebyer Noor kann man in einer schönen Wanderung von sechs Kilometer umrunden. Wer etwas weiter gehen möchte, umrundet auch noch das benachbarte Selker Noor. Für die Umrundung des Haddebyer Noors begeben wir uns zunächst vom Museum zu den Wikingerhäusern am Noor und genießen auch den Blick von der Erhöhung des historischen Ringwalls. Vorbei an Runensteinen, die an gefallene Krieger erinnern, erreichen wir die Brücke über die Wasserverbindung der beiden Noore, wo es bei höheren Wasserständen etwas feuchter werden kann. Am Ostufer des Noors geht es dann erhöht und mit schönem Ausblick zurück an die Schlei und entlang der B 76 und dem Schleiufer zurück zum Museum.

Wanderung um das Haddebyer Noor
www.gruenes-binnenland.de

13 Genießen
Busdorf

Die nordische, feinheimische Frischeküche im Odins

Gleich gegenüber dem Wikingermuseum Haithabu liegt an der Schlei das Café-Restaurant Odins Haddeby mit Biergarten. Bereits seit 1828 ist an dieser Stelle ein Dorfkrug bekannt. In der nordisch angehauchten Küche werden frische, saisonale und regionale Produkte verwendet. Das Restaurant ist Mitglied bei Feinheimisch, bei denen genau darauf viel Wert gelegt wird. Die Produkte stammen von Landwirten und Lieferanten aus der Region. Woher Fleisch, Fisch, Eier, Käse, Gemüse und Säfte stammen, wird genau angegeben. Brot, Brötchen und andere Backwaren werden frisch im Holzbackofen hergestellt. In der offenen Küche kann der Gast genau sehen, wie die Gerichte zubereitet werden.

ODINs Historisches Gasthaus Haddeby
Haddebyer Chaussee 13
24866 Busdorf
T. 04621 85 05 00
www.odins-haddeby.de
tgl. 7 Uhr–spät

14 Erleben und Genießen
Busdorf

Hägar lässt grüßen – feiern wie die Wikinger

In der Wikingerschänke wird eine Erlebnisgastronomie der besonderen Art geboten. Das Erlebnisprogramm wird nach den Wünschen der Gäste gestaltet, beispielsweise mit Kräftemessen beim Axtwerfen, Bogenschießen oder Strohsackboxen auf dem Kampfbalken. Zu Essen gibt es den Nordic Burger mit Fleisch (Galloway), mit Fisch (geräucherter Lachs) oder vegetarisch. Dazu wird Craftmet gereicht, nach Meinung der Wikinger das Getränk der Götter, das hier aus gutem Honig und mit braumeisterlichem Geschick in unterschiedlichen Geschmacksnuancen hergestellt wird. Ein besonderes Erlebnis – nicht nur für Einzelgäste, sondern auch für die Hochzeit, für Firmen- und Familienfeiern oder den Junggesellenabschied.

Wikingerschänke Haithabu
Am Margaretenwall 2
24866 Busdorf
T. 04621 32 190
www.wikingerschaenke.de
Mi–Sa 16 Uhr–spät, So 10–16 Uhr

15 Erleben
Schleswig

Dreiwöchiges Kulturfestival Norden

Schleswig-Holstein ist nicht nur das wirtschaftliche, sondern auch das kulturelle Tor zum Norden. Das Norden-Festival findet im Spätsommer auf den Königswiesen, den Eventflächen der Landesgartenschau von 2008, nahe der Schlei in Schleswig statt. Dabei werden Musik-, Theater-, Kleinkunst- und andere Veranstaltungen geboten. Die Künstler und Interpreten kommen aus Schleswig-Holstein und dem gesamten Ostseeraum, aus Finnland, Norwegen, Schweden, Polen und den baltischen Staaten. Von Stand-up-Paddling über Baden, Bogenschießen und Klettern bis hin zu Yoga oder Shiatsu-Massage kann man vieles ausprobieren und auch das Kulinarische kommt nicht zu kurz.

Norden – the nordic arts festival
T. 040 41 46 96 06
www.norden-festival.com
29. August bis 15. September 2019

16 Erleben
Schleswig

Wikingertage

Für einige Tage im August ist Schleswig von den Wikingern belagert. Die Wikingertage sind bereits seit 1986 ein mehrtägiges großes Volksfest in Schleswig. Im Mittelpunkt der Festtage auf den Königswiesen direkt an der Schlei steht das große Dorf, wo ein buntes Markttreiben mit viel Handwerk wie Waffenschmiede, Trinkhornschleiferei, Messermacherei, Bogenbau, Lederverarbeitung, Färberei und vielen anderen zu bestaunen und auch für Speis und Trank gesorgt ist. In der großen Arena gibt es reichlich Klopperei und die Schaukämpfe begeistern die jungen und alten Zuschauer gleichermaßen. Wikingerboote, ein Einbaum und verschiedene Fischfanggeräte der Wikinger tragen weiterhin dazu bei, dass man sich etwa tausend Jahre in die Zeit der Wikinger zurückversetzt fühlen kann. Aufgrund des großen Erfolges gehen die Wikingertage nun auf Tour und finden im Jahr 2019 erstmals auch in Eckernförde vom 12. bis 14. Juli statt.

Wikingertage
Hans-Jürgen-Klinker Str. 2
24837 Schleswig
T. 04621 30 14 454
www.wikingertage.de
8. bis 11. August

17 Erleben
Schleswig–Süderbrarup

Radtour-Abstecher nach Angeln hinein

Auf der alten 1880 eröffneten Kreisbahntrasse zwischen Schleswig und Süderbrarup in Angeln wurde der Zugverkehr 1981 eingestellt und in den darauffolgenden Jahren wurde auf dieser Strecke ein Radwanderweg eingerichtet, auf dem man heute gemütlich durch die knickdurchzogene Landschaft Angels radeln kann – ohne vom Autoverkehr belästigt zu werden. Die Wegqualität ist allerdings, je nach Gemeindegebiet, recht unterschiedlich und bisweilen nicht optimal befahrbar. In Schleswig steht noch der alte Kreisbahnhof (heute Restaurant) – ein guter Startpunkt für die etwa 24 Kilometer lange Tour. In Süderbrarup kann man entweder an die Schlei fahren und an dieser entlang zurückradeln oder man nimmt den Zug, der Schleswig allerdings nur über Umwege wieder erreicht.

Radtour durch Angeln

18 Entdecken
Dannewerk

Alte Festungsanlage und Weltkulturerbe

Es ist das größte archäologische Denkmal Europas und seit Juni 2018 zusammen mit dem Museum Haithabu UNESCO-Welterbe. Das Danewerk ist eine im 5. und 6. Jahrhundert erbaute 30 Kilometer lange Verteidigungsanlage quer durch Schleswig-Holstein. Zur Wikingerzeit diente sie auch der Sicherung der Stadt und der Handelswege. Ein Museum informiert über das Historische Bauwerk, dessen Bedeutung im deutsch-dänischen Krieg 1864 sowie über die Geschichte der dänischen Minderheit in Schleswig-Holstein seit dieser Zeit. In dem anliegenden archäologischen Park sind der Hauptwall, die Festungsanlage Thyraburg, die Waldemarsmauer und eine Kanonenschanze zu bestaunen. Eine Wanderung auf dem auch als Naturschutzgebiet ausgewiesenen Danewerkwall ist nicht nur archäologisch, sondern auch naturkundlich besonders interessant.

Danevirke Museum
Ochsenweg 5
24867 Dannewerk
T. 04621 37 814
www.danevirkemuseum.de
März bis April:
Di–So 10–16 Uhr
Mai bis September:
Mo–Fr 9–17 Uhr,
Sa u. So 10–16 Uhr
Oktober bis November:
Di–So 10–16 Uhr

Schlei

1 Entdecken
Maasholm

Eine Ausflugsfahrt in die Schleimündung

Ein schöner Ausflug führt auf die in der Schleimündung gelegene Lotseninsel, eigentlich eine Landzunge, deren Spitze allerdings durch das für Besucher gesperrte Naturschutzgebiet nur durch ein eigenes Boot oder mit dem Ausflugsschiff ab Kappeln oder Maasholm erreichbar ist. Die idyllisch und in einem dynamischen, sich verändernden Lebensraum gelegene Insel wurde zusammen mit der dortigen Lotsenstation von der Lighthouse Foundation, Stiftung für die Meere und Ozeane, erworben und wird seither nachhaltig und umweltgerecht bewirtschaftet. Das Lotsenhaus (Foto) können Gruppen für einen oder mehrere Tage mieten und inmitten der reizvollen Ostseenatur Seminare, Kurse und Veranstaltungen durchführen. Neben einem kleinen Hafen und dem Wahrzeichen der Schleimündung, dem gleichnamigen grün-weiß gezeichneten Leuchtturm, finden wir dort für eine kleine Stärkung die Giftbude, die fangfrischen Fisch und Bioprodukte im Programm hat. Naturkundliche Führungen durch den Verein Jordsand werden ebenfalls angeboten.

Information über:

Lighthouse Foundation – Stiftung für die Meere und Ozeane

Büro Kiel
Kanalstraße 67a
24159 Kiel
T. 0431 66 84 680
www.lighthouse-foundation.org

2 **Entdecken**
Maasholm

Kunsthandwerk aus der Region

Das kleine Fischerörtchen Maasholm an der Schleimündung lädt mit seinem Hafen, den Molen, Werften, Fischrestaurants und Fischkuttern zu kleinen maritimen Spaziergängen ein. Es gibt viel zu entdecken, was auch für das im ehemaligen Stall des denkmalgeschützten, reetgedeckten Rathauses untergebrachten Handwerkerhuus gilt. Seit 1989 existiert der Laden in dem hübschen Backsteingebäude und bietet Kunsthandwerkprodukte aus der Region an. Neben Keramik, Lederwaren, handgewebten Textilien und Silberschmuck sind auch Postkarten, Bilder und die Maasholmer Hausnummernboote im Angebot.

handwerkerhuus maasholm
Hauptstraße 69
24404 Maasholm
T. 04642 60 37
www.handwerkerhuus-maasholm.de
Ostern bis Mai u. Mitte September bis Oktober:
Mo–Do 15–18 Uhr,
Fr–So 12–18 Uhr
Juni bis Mitte September:
tgl. 12–18 Uhr

3 Entdecken
Maasholm

Von der Raketenstation zum Naturerlebnisraum

Das Naturerlebniszentrum befindet sich auf dem ehemaligen Militärgelände einer Raketenstation. Heute erfährt man hier Informatives über den Lebensraum Ostsee und die Schlei, die Landschaftsentstehung und diverse weitere Lebensräume. Ein Findlingsgarten, ein Sinnesgarten, der Spielplatz „Wind-Wasser-Küste", ein phänologischer Garten und ein Bruthaus für Vögel sind nur einige der Erlebnisstationen. Viele Aktionen, Führungen und andere Veranstaltungen finden regelmäßig statt oder können gebucht werden.

Naturerlebniszentrum Maasholm
Exhöft-Seeberg 1
24404 Maasholm
T. 04642 92 16 80
www.naturerlebniszentrum.de
ganzjährig geöffnet
Ausstellung: Ostern bis Oktober: tgl. 9–18 Uhr

4 Entdecken
Maasholm

Natur- und Vogelschutz an der Ostsee

Ein Besuch des vom Verein Jordsand betreuten Naturschutzgebiets Schleimündung gehört für natur- und vogelkundlich interessierte Besucher zum Pflichtprogramm. Im Rahmen von geführten Wanderungen sowie Fernglas- und Spektivbeobachtungen vom Rand des Naturschutzgebiets aus kann man dort die Vogelwelt erkunden und kennenlernen. Auf dem Zug rasten beispielsweise Singschwäne, verschiedene Gänsearten, Eiderenten, Goldregenpfeifer und andere Watvögel im Gebiet. Als Brutvögel sind u. a. Küsten- und Zwergseeschwalben, Graugänse, Sturmmöwen, Feldlerchen anzutreffen. Neben den durch robuste Gallowayrinder extensiv beweideten Landflächen gehören auch zahlreiche Wasserflächen und Windwatten zum Schutzgebiet.

Naturschutzgebiet Schleimündung
Verein Jordsand
Exhöft-Seeberg 1
24404 Maasholm
T. 04642 92 16 80;
Hütte: T. 04642 61 17
www.jordsand.de/
schutzgebiete/schleimündung

5 Genießen
Maasholm

Kulinarische Einkehr im Gut Oehe

Im ehemaligen historischen Pferdestall des Gutes Oehe mit seinem um 1707 erbauten Herrenhaus befindet sich ein gemütliches Café-Bistro mit großer Terrasse. Es gibt eine kleine Lunch- und Abendbrotkarte. Besonders beliebt sind Apfelstrudel und warme Schokoküchlein, weitere wechselnde Kuchen- und Tortenköstlichkeiten sowie die kulinarischen Sonderveranstaltungen wie Midsommer-Krebsessen, Wild-Barbeque oder Weinpräsentationen. Ferienwohnungen gehören ebenso zum Gutsensemble wie ein Hofladen, in dem es Wildfleisch aus eigener Jagd, Dekoartikel, Schmuck, Geschirr und anderes zu erwerben gibt.

Landhaus Gut Oehe
Café & Bistro
Oehe 1a
24404 Maasholm
T. 04642 92 48 700
www.gut-oehe.de
Öffnungszeiten siehe Homepage

6 Erleben
Kappeln

Amanda ist die höchste

Sie gehört zur Skyline der Stadt Kappeln und steht seit 1888 nördlich der Altstadt. Mit 32 Metern (Kappenhöhe: 24 Meter) und ihren neun Stockwerken ist die denkmalgeschützte Galerieholländermühle „Amanda" die höchste im Lande. Zusammen mit den Schornsteinen der Aalräucherei und der Klappbrücke ist sie eines der Wahrzeichen der Stadt. Unmittelbar an die Mühle angeschlossen, befindet sich ein historisches Sägewerk, das von den Kappeler Werkstätten betrieben wird und handgefertigte Holzmöbel herstellt. Heiraten ist in der Mühle möglich, es gibt eine kleine Ausstellung und die Tourist-Information residiert im ersten Obergeschoss. Den Ausblick von der Galerie sollte man sich nicht entgehen lassen.

Mühle „Amanda"
Schleswiger Straße 1
24376 Kappeln
T. 04642 40 27

7 Genießen
Kappeln

Schokolade in allen Variationen

Eine der schönsten kulinarischen Verführungen, die es gibt, ist sicherlich die Schokolade. In Schlaefkes Schokoladenküche können Sie sich dieser mit allen Sinnen hingeben. Aussehen, Duft, Geschmack, Oberflächenstruktur beanspruchen alle fünf Sinne. Es werden nur frische Zutaten ohne Konservierungsmittel verwendet und alles ist handgefertigt. Kappeler Kirsch, Pharisäer, Café au Lait-Trüffel oder Prosecco-Himbeere sind nur einige der Pralinenköstlichkeiten. Es gibt aber auch ausgefallene Schokokreationen und die flüssige Variante, Trinkschokolade, ist ebenfalls im Angebot. Die Besucher können auch an offenen Produktionsveranstaltungen, Aktionen, Führungen und Pralinenkursen teilnehmen.

Schlaefkes Schokoladenküche
Fabrikstraße 17
24376 Kappeln
T. 04642 98 80 12
www.schokoladenkueche.de
Mo–Fr 11–18 Uhr,
Sa u. So 11–16 Uhr

8 Erleben
Kappeln

Dampfend und zischend durch die Angelner Landschaft

Reisen wie in früheren Zeiten kann man mit den Angelner Dampfeisenbahnen seit 1980 zwischen Kappeln und Süderbrarup. Dabei werden nur historische Fahrzeuge aus Skandinavien eingesetzt, zu denen aktuell neben zwei Dampflokomotiven, zwei Dieselloks, drei Personenwagen und ein Güterwagen für den Fahrradtransport gehören. Neben der Hin- und Rückfahrt zwischen Süderbrarup und Kappeln per historischer Eisenbahn gibt es auch kombinierte Touren mit Bus, Schifffahrt auf der Schlei oder mit dem Fahrrad. Besonders hübsch und fotogen ist die zischende und dampfende Fahrt im Mai, wenn die Landschaft Angelns während der Rapsblüte in leuchtendes Gelb getaucht ist.

Angelner Dampfeisenbahn
Bahnhofsweg 9
24376 Kappeln
T. 04642 92 51 653
www.angelner-dampfeisenbahn.de

9 **Erleben**
Kappeln

Die Schlei rauf und runter schippern

Um die Schlei vom Wasser aus zu erleben, gibt es zwischen Schleswig und Kappeln/Schleimünde zahlreiche Möglichkeiten und Angebote. Der Raddampfer *Schlei Princess* prägt seit 2014 das Hafenbild in Kappeln. Mit dem Schiff kann man von Kappeln nach Schleswig oder nach Schleimünde gelangen. Ebenso fahren die *MS Stadt Kappeln* (Foto), die *Wappen* von Schleswig oder der Raddampfer *Freya* sowie weitere die gesamte Schlei entlang und steuern unterschiedliche Haltepunkte an. Für Gruppen können mit den Reedereien auch gesonderte Touren und Termine vereinbart werden.

Ausflugsfahrten auf der Schlei
www.schlei-ausflugsfahrten.de
www.schleischifffahrt.de
www.schlei-raddampfer.de
www.adler-schiffe.de

10 **Entdecken**
Kappeln

Alte Segler im Museumshafen

Der See-Ewer *Jonas von Friedrichstadt*, der englische Austernkutter *Hermine*, der Hochsee-Rettungskutter *Rollo*, die Gaffel-Ketsch *Ismar* und andere fahrtüchtige Segel-Oldtimer liegen im Kappelner Museumshafen. Seit 1981 ankern die alten oder nach alten Plänen neu gebauten Segelschiffe im Hafen, die ältesten sind über hundert Jahre alt. Gerne geben die Besitzer der Boote, wenn sie gerade vor Ort sind, Auskunft über ihre Schiffsraritäten. Viel altes Tauwerk, stolze Masten und liebevolle Details, aber auch moderne Schiffstechnik, auf die auch die Oldtimer nicht verzichten können, sind zu bestaunen.

Museumshafen Kappeln
Nestleweg
24376 Kappeln
T. 0152 26 50 99 43 (Hafenmeisterin)
www.museumshafen-kappeln.de

11 Genießen
Kappeln

Geräucherte Fisch-Köstlichkeiten

Die Geschichte der Familie Föh im Norden geht wohl in das 17. Jahrhundert zurück, als zwei der aus Frankreich geflohenen Söhne in Eckernförde sich mit einer Räucherei ansiedelten. Im Jahr 1911 wurde die Räucherei in Kappeln übernommen und es wurden, mit zunächst einem Schornstein, vor allem Blankfische, also Sprotten und Heringe, geräuchert und versandt. Heute ragen drei Schornsteine mit der Aufschrift Aal in den Kappelner Himmel und gehören zu den Wahrzeichen der Stadt. Das hundertjährige Betriebsjubiläum hat der Familienbetrieb hinter sich und bietet heute neben den Räucherklassikern Aal, Hering, Sprotte, Forelle, Lachs u. a. auch frischen Fisch, Matjes, Marinaden und Fischsalate in allen Variationen an. Ein Fischbrötchen oder eine Schachtel Kieler Sprotten sollte man sich also mindestens gönnen und auch mal von der Klappbrücke aus einen Blick auf die in der Schlei liegenden einmaligen historischen Heringsfangzäune werfen.

Aal- und Fischräucherei Friedrich Föh
Dehnthof 26–28
24376 Kappeln
T. 04642 22 74
www.foeh.de
Fischfachgeschäft:
Mo–Fr 8.30–18 Uhr,
Sa 8.30–16 Uhr, So 11–16 Uhr
Fisch- & Bierterrasse:
Mo–Fr 11–18 Uhr,
Sa u. So 11–16 Uhr

12 **Erleben**
Maasholm

Radfernweg von Küste zu Küste

Es gibt 13 Fernradwege in Schleswig-Holstein. Der Wikinger-Friesen-Weg ist einer von ihnen, der von Maasholm an der Schleimündung bis nach St. Peter-Ording und Eiderstedt an der Nordseeküste entlang geht. Die Strecke führt zunächst von Maasholm nach Kappeln und von dort auf einer nördlichen und einer südlichen Trasse beiderseits der Schlei bis Schleswig. Ein Wechsel der beiden Trassen ist an den Fährstellen Arnis und Missunde sowie an der Brücke Lindaunis über die Schlei hinüber möglich. Das Foto zeigt Radler an der Großen Breite der Schlei. Von Schleswig geht die Radtour durch die Eider-Treene-Sorge-Niederung nach Friedrichstadt und Tönning und dann durch Eiderstedt bis St. Peter-Ording. Die Gesamtlänge beträgt 180 Kilometer. Teilstrecken in beliebiger Länge kann man sich entlang der gesamten Schlei individuell zusammenstellen.

Wikinger-Friesen-Weg
T. 04638 89 84 04
www.wikinger-friesen-weg.de

13 Entdecken
Kappeln, Schlei

Auf den Spuren des Landarztes

Der Landarzt ist die langlebigste Arztserie des deutschen Fernsehens gewesen. Die Serie wurde von 1986 bis 2012 produziert; die letzte Folge von insgesamt 297 Episoden in 22 Staffeln am 17. Mai 2013 ausgestrahlt. Viele Szenen wurden an der Schlei gedreht, wo sich auch die fiktive Gemeinde Deekelsen befand. Die Szenen in der Landarztpraxis wurden im Gutshaus in Lindauhof bei Lindau an der Schlei gedreht (heute Café Lindauhof, s. Tipp 16). Stadtaufnahmen wurden in Kappeln, Flensburg und Eckernförde aufgenommen, Hafenszenen in Kappeln, Arnis, Maasholm und Eckernförde. So haben Fans der Serie auch heute noch viele Möglichkeiten, auf den Spuren des Landarztes die Gegend zu erkunden, z. B. im Restaurant Aurora (Asmussens Kneipe) in Kappeln oder im Holländerhof in Wagersrott (Hinnerksens Hof).

14 Erleben
Arnis

Rundgang durch die kleinste Stadt Deutschlands

Idyllische Plätze gibt es an der Schlei reichlich. Einer davon liegt in Arnis, wenngleich es an schönen sommerlichen Wochenenden in der weniger als 300 Einwohner zählenden Stadt schon mal voll werden kann. Die kleine Fähre bietet die Möglichkeit, ans andere Ufer der Schlei zu gelangen. Das Auto bleibt ansonsten auf dem Parkplatz vor der Stadt, es ist alles gut zu Fuß erreichbar. Beschaulich ist ein Spaziergang an der Schlei entlang, vorbei an Werften und Liegeplätzen für Schiffe sowie einem kleinen Badestrand. Hübsch gelegen ist die kleine Schifferkirche mit einer Fachwerkwand, die noch aus der Zeit des Baus von 1669 stammt. Die Votivschiffe und die Kanzel aus dem Jahr 1573 sind sehenswert. Im adretten Rathaus von 1805 finden wechselnde Ausstellungen statt. Einkehren kann man in einem der Restaurants und Cafés wie dem Fährhaus, Gode Wind, Schleiperle oder Strandhalle.

Stadtrundgang durch Arnis
www.arnis.de

15 **Erleben**
Sieseby

Dorfidylle an der Schlei

Der kleine Ort Sieseby gehört mit seinem direkt an der Schlei gelegenen weißverputzten Reetdachhäuser-Ensemble (Foto: Haus Alter Schulweg 2, steht unter Denkmalschutz) zu den besonders gern für einen kleinen Spaziergang besuchten Plätzen. Es wurde im Jahr 2000 wegen der einheitlichen Bebauung als erstes Flächendenkmal Schleswig-Holsteins ausgewiesen. Die an einigen Häusern befindlichen Initialien G.A.S. weisen auf den Vorbesitzer Gustav Anton Schäffer hin, ein Hamburger Kaufmann, der die Häuser Mitte des 19. Jahrhunderts an die Adelsfamilie zu Schleswig-Holstein-Sonderburg-Glücksburg verkaufte, die noch heute den größten Teil des Dorfes besitzt. Die hübsche Feldsteinkirche aus dem 12. Jahrhundert fügt sich vom Aussehen problemlos in die Szenerie ein. Nach dem Spaziergang kann man sich im Gasthof Alt Sieseby von 1867 stärken.

Sieseby
www.ostseefjordschlei.de/regionen-und-staedte/schwansen/sieseby

16 Genießen
Boren

Zu Besuch in der ehemaligen Landarztpraxis

Die Torten sind aus regionalen Produkten hergestellt und ausgesprochen lecker. Viele der Besucher des Lindauhofes sind als Fans der Fernsehserie „Der Landarzt“, aber auch aus nostalgischen Gründen zu Besuch in dem gemütlichen Café mit seiner Sommerterrasse. Denn das Gutshaus aus dem 15. Jahrhundert war einer der wichtigsten Drehorte der beliebten Arztserie und stellte in den Filmen das Praxisgebäude des Landarztes dar. In dem Hofladen kann man Dekorationsartikel erwerben und eine kleine Taschenmanufaktur produziert ausgefallene Taschenunikate.

Café Lindauhof
Lindauhof 4
24392 Boren
T. 04641 37 10
www.lindauhof.de
März bis Oktober:
Mo–Fr 11–19 Uhr,
Sa, So u. feiertags 9–19 Uhr
November bis Dezember u. Februar:
Sa, So u. feiertags 9–19 Uhr

17 Entdecken
Ulsnis

Dorfmuseum mit Malerwerkstatt

In einem alten Stallgebäude in Ulsnis ist eines der vielen Dorfmuseen und kleinen Sammlungen, die in der Region verteilt sind, untergebracht. Neben Haushaltsgeräten aus der Küche und guten Stube, Hofgeräten und historischen Kleidungsstücken ist dort auch eine Malerwerkstatt mit Arbeitsgeräten und Unterlagen des Malerhandwerks zu besichtigen. Des Weiteren sind dort Notgeldscheine, Bilder und alte Fotografien ausgestellt. In Ulsnis gibt es übrigens zwei Mitfahrerbänke. Wenn also dort jemand sitzt und das Richtungsschild ausgeklappt hat, bitte mitnehmen, wenn Platz im Auto ist und es ebenfalls in die Richtung geht.

Dorfmuseum Ulsnis
Ulsnisfeld 3
24897 Ulsnis
T. 04622 26 73
www.museen-sh.de/Museum/DE-MUS-744418
Ostern bis Oktober:
So u. feiertags 14–17 Uhr u. nach Absprache

18 Entdecken
Brodersby

Über 2000 Exponate aus allen Lebensbereichen

Die heimatkundliche Sammlung im Dorfmuseum Brodersby umfasst über 2000 Ausstellungsstücke aus dem Haushalt, der Landwirtschaft und dem dörflichen Leben. Es sind die Bereiche Schule, Kaufmann, Tischlerei, Schusterei, Mühle, Schmiede sowie Arzt und Zahnarzt vertreten. Haushaltsgeräte, altes Spielzeug, Spinnräder und vieles mehr werden gezeigt. Heimische Wildtiere und eine Bieneninformation gehören ebenfalls zur Ausstellung.

Dorfmuseum Brodersby
Missunder Fährstraße 4
24864 Brodersby
T. 04622 564
www.museen-sh.de/museum/DE-MUS-402817
April bis Juni, September bis Oktober:
Sa 14–17 Uhr
Juli bis August:
Sa 10–17 Uhr u. nach Vereinbarung

19 Genießen
Brodersby

Terrassenblick auf die Schlei

Direkt an der Fähre Missunde liegt das gleichnamige Fährhaus, dessen Küche mit Frischeprodukten aus der Region und der Saison aufwartet. Bei entsprechendem Wetter ist der Logenplatz auf der Außenterrasse besonders attraktiv, von dem aus man dem munteren Treiben an der schmalsten Stelle der Schlei zusehen kann. Nebenan liegt auch der Yachthafen Missunde mit etwa 110 Liegeplätzen.

Fährhaus Missunde
Missunder Fährstraße 33
24864 Brodersby
T. 04622 626
www.faehrhaus-missunde.de
tgl. 11.30–21 Uhr

20 Entdecken
Güby

Internat im klassizistischen Herrenhaus

Das Herrenhaus Louisenlund liegt an der Großen Breite der Schlei und wurde zwischen 1772 und 1776 als Beispiel des frühen Klassizismus in Schleswig-Holstein von Johann Hermann von Motz im Auftrag des Prinzen und Freimaurers Karl von Hessen-Kassel erbaut. Der Prinz war mit der Schwester Louise des dänischen Königs vermählt und nach ihr wurde das Anwesen auch benannt. Zur gleichen Zeit entstand der große Park im englischen Stil, den man noch heute ebenso wie den Schloss- und Hofbereich besichtigen kann. In den Räumen des Herrenhauses ist ein Internat untergebracht, das zu den bekanntesten Deutschlands gehört.

Stiftung Louisenlund
Louisenlund 9
24357 Güby
T. 04354 99 90
www.louisenlund.de

21 Entdecken
Schleswig bis Kappeln

Mit dem Fahrrad auf Entdeckungstour an den Ufern der Schlei

Die Schleiregion bietet sich für Radtouren geradezu an. Neben den beiden Fernradwegen, dem Ostseeküsten-Radweg, der von Gelting nach Kappeln und immer weiter an der Küste Schwansens entlang nach Eckernförde führt, gibt es auch den Wikinger-Friesen-Weg, der von Maasholm beiderseits der Schlei über Schleswig bis an die Westküste entlang geht. Daneben gibt es 15 ausgearbeitete Themen-Törns, die als Rundtouren entlang der Schlei und durch das Binnenland Angelns oder Schwansens zurückführen. Da gibt es die Panoramatour, den Heringstörn, den Landarzttörn, den Schlemmertörn, den Badeseetörn und einige weitere. Es können auch Räder geliehen werden, wobei ein Lieferservice nach Absprache möglich ist. Das Ausleihen von E-Bikes und Hand-Bikes ist ebenfalls möglich. An der schmalsten Stelle der Schlei befindet sich die Lindaunisbrücke (Foto), eine Straßen- und Eisenbahnklappbrücke.

Radtour an den Ufern der Schlei
www.ostseefjordschlei.de/entdecken/aktiv-in-der-natur/radfahren

22 Erleben
Borgwedel

Ziegeleien – Wirtschaftsfaktor früherer Zeiten

Das Ziegeleiwesen war im 19. und 20. Jahrhundert ein wichtiger Wirtschaftsfaktor der Region. Der heutige Platz des Naturerlebnisraumes und der Alten Ziegelei in Borgwedel war besonders günstig, einerseits wegen der reichen Tonvorkommen sowie andererseits wegen der verkehrsgünstigen Lage an der Schlei. Vier Millionen Ziegelsteine wurden hier produziert und nach Schleswig, Eckernförde, Kiel und bis nach England und in die baltischen Staaten verschifft. Bis 1956 war die Ziegelei in Betrieb und seither holt sich die Natur das verfallene Industriegelände allmählich zurück. Auf den Infotafeln werden die Ziegelherstellung und die Geschichte der Industrieanlage sowie die Entwicklung der Natur erläutert. Seit 2005 ist das Gelände Naturerlebnisraum und es werden sowohl naturkundliche Veranstaltungen als auch Kurse und Veranstaltungen zur Ziegelherstellung und ihrer Bedeutung durchgeführt.

Alte Ziegelei
Achterwisch
24857 Borgwedel
T. 04351 73 51 55 (Ansprechpartner: Dietmar Ulbrich)

Schwansen

1 Entdecken
Schönhagen

Stehpaddeln auf der Ostsee

Von polynesischen Fischern kennt man das Bild, dass sie sich aufrecht stehend in ihren Booten mit einem langen Paddel fortbewegen. Bei uns ist das Stehpaddeln, auch als Stand Up Paddling (SUP) bezeichnet, ebenfalls zu einer neuen Wassersportart geworden, die man auf Binnengewässern und am Meer immer häufiger sieht. Probieren Sie es doch einmal in der Ostsee. Das trainiert die Muskeln und das Gleichgewichtsgefühl. Leihen kann man sich die Boards vielerorts, z. B. bei der Tourist-Information in Schönhagen.

Stand Up Paddling
Tourist-Information
Schönhagen
Strandstr. 13
24398 Schönhagen
T. 04644 70 91 000
www.schoenhagen-ostsee.de
November bis März:
Mo–Fr 9–17 Uhr
April bis Juni, September bis Oktober: Mo–Fr 9–17 Uhr,
Sa 9–16 Uhr, So (außer April und Oktober) 10–12 Uhr
Juli bis August:
Mo–Fr 9–18 Uhr, Sa 9–17 Uhr,
So 10–15 Uhr

2 Genießen
Kopperby

Bio-Schafsmilchkäse vom Hof Ahmen

Bei Schafskäse denkt man zunächst an Griechenland oder die Türkei, es gibt ihn aber auch in Schwansen auf dem Biohof Ahmen in Kopperby südlich von Kappeln. Seit über 30 Jahren produziert der Familienbetrieb biologischen Schafskäse aus Schafsrohmilch. Die 60 Lacaune-Milchschafe weiden auf biologischen Dauerweiden mit vielen verschiedenen Gräsern und Kräutern. Die frische Milch wird täglich per Hand zu Käse verarbeitet. In dem Hofladen ist der Käse zu kaufen, wobei es auch die Varianten mit Bärlauch, Knoblauch, Ingwer, Basilikum und Rose im Angebot gibt. Felle von Schafen und Lämmern kann man ebenfalls kaufen.

Hof Ahmen
Wacholder Weg 1
24376 Kappeln/Kopperby
T. 04644 571
www.bioschafskaese.de
April bis Oktober:
Mo–Sa 8–18 Uhr, So nach tel. Vereinbarung
November bis März: nach tel. Vereinbarung

3 Erleben & Genießen
Karby

Ortsrundgang Karby

Der Ort Karby, 1278 erstmalig urkundlich erwähnt, ist einer der wirtschaftlichen Mittelpunkte der Region. Bei einem kleinen Rundgang durch die Stadt lassen sich eine ganze Reihe älterer Gebäude entdecken wie die aus der Gründerzeit stammende Alte Post, die Villa Bechler und das Kniestockhaus Petersen. Das älteste Gebäude ist die 1260 im frühgotischen Stil erbaute Karbyer Kirche mit einer hübschen Renaissance-Kanzel und einem Taufstein, der sogar aus dem 12. Jahrhundert stammt. Das heute als Wohnhaus genutzte Gebäude der Ziegelei des Ortes steht ebenso wie das Bahnhofsgebäude noch im Ort. Von 1888 bis 1958 führte die schmalspurige Kreisbahn von Eckernförde nach Kappeln durch Karby. In dem Bahnhofsgebäude finden Sie heute das Landhaus und Hotel Nüser, wo Sie bei guter, regionaler Küche einkehren können.

Gasthaus Nüser Hotel – Restaurant
Eckernförder Str. 46
24398 Karby
T. 04644 220
www.landgasthof-nueser.de
tgl. 8–14 Uhr u. 17.30–22 Uhr

4 Erleben
Schönhagen

Seevögel und Knabenkräuter

Schön für maritime Wanderungen und Beobachtungen der heimischen Seevogelwelt ist der direkt an der Ostsee gelegene Schwansener See (Foto). Dereinst gehörte der Strandsee als kleine Bucht auch zur Ostsee. Durch küstenparallele Sand- und Geröllverlagerungen wurde vor hundert Jahren die Verbindung zwischen dem Meer und der Bucht, dem heutigen Schwansener See, endgültig abgeriegelt. Trotzdem ist der Lagunensee salzbeeinflusst und heute als Naturschutzgebiet ein wichtiges Brut-und Rastgebiet für Seevögel und andere. Aus dem Norden von Schönhagen kommend, kann man an der NABU-Schutzhütte

(Führungen und Infos) vorbei zwischen See und Ostsee entlang bis nach Damp wandern. Zwergseeschwalben, Seeregenpfeifer, Rotschenkel, Kiebitze und Säbelschnäbler sind nur einige der Vögel, die man hier beobachten kann. Im Mai/Juni ist die Blüte einer heimischen Orchidee, dem Breitblättrigen Knabenkraut, mit über 3000 Exemplaren ein prächtiges Schauspiel am Schwansener See.

NABU-Schutzhütte Schwansener See
T. 04321 53 734
www.schleswig-holstein.nabu.de/natur-und-landschaft/naturzentren-naturstationen-infos/schwansener-see

5 **Entdecken**
Damp

Der Albatros ist auf dem Strand gelandet
Die Papenburger Meyerwerft, heute vor allem für den Bau riesiger Kreuzfahrtschiffe bekannt, hat auch kleinere Schiffe gebaut. Die in Damp auf dem Strand liegende *Albatros* lief 1912 in Papenburg vom Stapel und war vor allem als Passagier- und Frachtschiff auf der Flensburger Förde unterwegs. Am Ende des Zweiten Weltkriegs war sie als Flüchtlingsschiff im Einsatz. Nach der Außerdienststellung 1969 wurde sie nach Damp geschleppt, wo sie in einem Sandbett nahe dem Yachthafen als Ausstellungsschiff platziert wurde. Heute ist es ein kleines Naturkundemuseum, in

dem die Geschichte der Ostsee und ihre Entwicklung dargestellt wird. Strandfunde, Fossilien, Bernstein und anderes ist zum Anfassen und Erkennen ausgestellt. Zahlreiche Kurse und Veranstaltungen, vor allem auch für Kinder, werden angeboten.

Museumsschiff Albatros
Niebymole
24351 Damp
T. 04352 80 11 11
www.museen-sh.de/museum/6885216
Do 13–17 Uhr

6 Erleben
Damp

Rundum versorgt

Das Ostsee Resort Damp braucht man eigentlich nicht mehr zu verlassen, wenn man sich einmal dort einquartiert hat. Dort gibt es alles. Neben den Übernachtungsmöglichkeiten unterschiedlicher Kategorien, diversen Restaurants, Bars und Cafés gibt es auch ein Entdeckerbad, ein Bowlingcenter sowie einen umfänglichen Wellness- und Spa-Bereich. Für die Unterhaltung der Kinder ist auch gesorgt mit einem Indoor-Spaßpark, einem Kids Club und einem Familientreff. Und dann ist da ja noch die Ostsee. Langeweile dürfte also kaum aufkommen.

Ostsee Resort Damp
Seeuferweg 10
24351 Damp
T. 04352 80 666
www.ostsee-resort-damp.de

7 Erleben
Damp

Auf Brettern übers Wasser gleiten

Im Schnee kennt es jeder: Skifahren und Snowboarden. Das geht auch auf dem Wasser: Wasserski und Wakeboarden nennt es sich dort. In Damp gibt es eine Anlage, in der man sich darin versuchen kann. Man hakt sich in ein Seil ein, das in neun Metern Höhe umläuft, und schon kann es losgehen, mehr oder weniger elegant über das Wasser zu gleiten. Fortgeschrittene üben sich dann in Drehungen und Sprüngen.

Wasserskiseilbahn Damp
Parkstraße 1
24351 Damp
T. 04352 95 29 852
www.wasserski-damp.de
Mo–Fr 13–20 Uhr,
Sa u. So 12–20 Uhr

8 **Genießen**
Waabs

Genuss und Sport auf Gut Sophienhof

Kleinere Gerichte wie Salate, Flammkuchen, Schnitzel und Currywurst und vor allem leckere, selbstgemachte Kuchen und Torten bekommen Sie in der ehemaligen Getreidetrocknung des Gutes, in der jetzt die Gastronomie untergebracht ist. Die Kalorien können Sie gleich in der anliegenden Swingolf- und Fußballgolfanlage wieder abarbeiten. Ersteres ist eine einfache Variante des Golfs für jedermann und beim Fußballgolf versucht man per Fußball auf 18 Spielbahnen unterschiedliche Hindernisse zu um-, durch- oder zu überspielen. Übernachten kann man in der Heuherberge oder in einer der finnischen Blockhütten.

Gut Sophienhof
24369 Waabs
T. 04358 10 25
www.gutsophienhof.de
März bis April: Fr–So 11–18 Uhr
Mai bis Oktober: Mi–So 11–20 Uhr
Alte Räucherei: Di–So 11–19 Uhr

9 **Genießen**
Waabs

Herrenhaus-Besuch in Ludwigsburg

Immer wieder säumen eindrucksvolle Herrenhäuser und Schlösser in den Landschaften Angeln und Schwansen den Weg. Eines der schönsten Barockherrenhäuser des Landes finden wir in der Nähe von Waabs: Ludwigsburg. Nach bereits bewegter Geschichte wurde das Herrenhaus in seiner heutigen Gestalt in den 1740er-Jahren auf den Grundmauern von Vorgängerbauten errichtet. In der Alten Räucherei bekommt man Speisen aus der regionalen und saisonalen Küche sowie selbstgemachte Kuchen und Torten, die man bei schönem Wetter auf der Terrasse zu sich nehmen kann. Apartments und einen Hofladen gibt es ebenfalls. Reiterfreunde werden sich eher für die Pferdezucht des Gestüts oder Möglichkeiten der Reiterferien interessieren.

Gut Ludwigsburg
24369 Waabs
T. 04358 98 818
www.gut-ludwigsburg.de

10 Entdecken Karlsminde

Von Hünen und Steingräbern

Das ist schon recht eindrucksvoll, was unsere Altvorderen in der Jungsteinzeit (Neolithikum) so zusammengebaut haben. Wie sie es ohne Bagger und Kran gemacht haben, bleibt unklar. Viele der Steingräber und Grabhügel, an denen die schleswig-holsteinische Landschaft so reich war, sind verschwunden und eingeebnet. Das etwa 2500 v. Chr. von Mitgliedern der Trichterbecherkultur erbaute dreikammerige Großsteingrab (Megalithgrab), auch Hünengrab genannt, ist in einem ausgesprochen guten Zustand. Es wurde 1976–1978 von einer Arbeitsgemeinschaft aufwändig restauriert. Wenn Sie von Waabs nach Eckernförde fahren, müssen Sie kurz hinter Ludwigsburg links abbiegen und etwa 500 Meter in Richtung Gut Karlsminde fahren.

Hünengrab Karlsminde
www.ostseefjordschlei.de/regionen-und-staedte/schwansen/langbett-karlsminde

11 Erleben
Holzdorf

Von Trichtergrammofon, Röhrenradio und Phonographenwalze

Bis zum glasklaren Klang eines Digitalradios war es ein weiter Weg. Die Geschichte der Phonotechnik über circa hundert Jahre (1880–1980) können Sie im Phonomuseum anhand von 750 Exponaten Revue passieren lassen. Für viele sicher ein Stück Erinnerung, wenn das alte Röhrenradio oder der erste Plattenspieler zu sehen sind und das vertraute Knistern beim Platten abspielen oder das Rauschen und Brummen der alten Radios zu vernehmen sind. Ein faszinierender Überblick über die ganze Vielfalt der Phono-Abspielgeräte im Lauf der Jahrzehnte bietet sich dem Besucher. Und die Erinnerung geht für viele Gäste im Museumscafé weiter. Es ist ganz im Stil der 1950er-Jahre eingerichtet.

Phonomuseum „Alte Schule"
Seeholz 40
24364 Holzdorf
T. 04352 91 17 848
www.phonomuseumseeholz.de
Mai bis September:
Do–So 14–18 Uhr

12 Entdecken
Holzdorf

Schlicht, funktionell und frostfest

Nach Stationen in Süd- und Nordeuropa sowie der Pfalz machen Birgit Hagenburger und Erk Kanis nun KüstenKeramik in Holzdorf in Schwansen. Die Keramik mit der Küstenseeschwalbe ist handgemacht, durchaus schlicht, aber sehr funktionell und frosthart. Die Modelle der handgemachten Blumentopfserien tragen Namen, die für Kenner Schwansens und der Schlei durchaus vertraut sind: Güby, Karby, Sieseby, Windeby, Thumby oder Rieseby sind nur einige Beispiele. Sie erreichen die Werkstatt und den Ausstellungsbereich direkt an der B 203, Ausfahrt Söby.

KüstenKeramik
Fellholz 3
24364 Holzdorf OT Söby
T. 0152 55 76 77 14
www.kuesten-keramik.de
nach tel. Vereinbarung

13 Genießen Holzdorf

Café, Skulpturengarten und Künstlerwerkstatt

In einem über 250 Jahre alten reetgedeckten Bauernhaus finden wir das Ausflugscafé und die Künstlerwerkstatt Grünlund. Im Café gibt es Speisen aus biologisch angebauten, zum Teil selbstgezogenen Produkten sowie aus fairem Handel. Die selbstgemachten Kuchen und Torten kann man bei schönem Wetter im Strandkorb in dem hübschen Cafégarten verspeisen. Dort sitzt man neben interessanten Holzskulpturen des dort lebenden Künstlers Hans Wüllner, dem man sowohl im Café als auch in der Werkstatt und dem Atelier begegnet.

Bildhauerwerkstatt, Skulpturen- & Kaffeegarten Grünlund
Grünlund 4
24364 Holzdorf
T. 04352 24 99
www.gruenlund.de
So u. feiertags 14–18 Uhr

14 Genießen Rieseby

Obst in allen Variationen – auch zum Selbsternten

Los geht es ab Mitte Juni mit Erd- und Stachelbeeren, dann folgen Johannisbeeren, Himbeeren und Blaubeeren – alles zum Selbstpflücken auf dem Obsthof Gut Stubbe. Wer es nicht gern selbst macht, kann das Obst günstig im Hofladen erwerben, wo es auch anderes Obst und Gemüse, Säfte, Honig sowie Wurst- und Fleischprodukte zu kaufen gibt. Von der Terrasse des Cafés lässt sich über die Obstplantagen der Blick bis zur Schlei genießen. Neben Frühstück und Mittagessen gibt es vor allem ein reiches Angebot an Torten und Kuchen, natürlich schwerpunktmäßig mit frischen Früchten. Beliebt sind die Blechkuchen wie Baiserkuchen (mit Rhababer und Stachelbeeren) oder der Buttermilch- und Obststreuselkuchen.

Obsthof Stubbe
Lindaunisbrücke 1a
24354 Rieseby
T. 04355 14 58
www.gut-stubbe.de
tgl. 9–18 Uhr

15 Erleben
Eckernförde

Schwansen per Rad

Die Landschaft Schwansen lässt sich gut auf einer kleinen, circa 40 Kilometer langen Radtour von Eckernförde aus erkunden. Von dem Hafenstädtchen geht es unterhalb der Borbyer Kirche nördlich des Hemmelmarker Sees gen Osten. Vorbei am Megalithgrab in Karlsminde und dem Herrenhaus von Ludwigsburg kommen wir nach Waabs (evtl. mit Abstecher nach Damp, Foto), von wo aus es ins Binnenland über Holzdorf nach Rieseby geht. Vorbei am Herrenhaus des Gutes Saxtorf gelangen wir wieder zum Hafen in Eckernförde.

Radtour durch Schwansen
www.ostseefjordschlei.de

16 Entdecken
Rieseby

Ortsrundgang Rieseby

Ein kleiner Gang vom Bahnhof bis zur Kirche in Rieseby führt uns an einigen alten Gebäuden vorbei. Schon das Bahnhofsgebäude selbst ist älter und stammt aus den 1870er-Jahren, in denen der Bahnverkehr rasant zunahm. Rieseby liegt aber auch heute noch an der Bahnlinie von Eckernförde nach Flensburg. Vorbei an der Apotheke im Alten Schulhaus von 1859, dem Riesby Krog und der Reetdachkate aus der Zeit um 1800 erreichen wir das Zentrum mit der aus dem 13. Jahrhundert stammenden spätromanischen Kirche St. Petri (Foto). Auch ein Abstecher in den Ortsteil Norby ist möglich, wo das Alte Pastorat und die Windmühle „Anna“ sehenswert sind.

Ortsrundgang Rieseby
Ostseefjord Schlei GmbH
T. 044621 85 00 50
www.ostseefjordschlei.de

17 Entdecken Rieseby

Informationen zur Mühlen- und Heimatgeschichte

Im Jahr 1911 erbaut, war die Galerie-Holländerwindmühle „Anna" bis 1978 in Betrieb und ereilte nicht das Schicksal vieler anderer Mühlen, die irgendwann baufällig abgerissen worden sind. „Anna" wurde bis 1997 umfassend restauriert und strahlt heute in alter Pracht. Sogar das alte Mahlwerk im Innern existiert noch. Zudem befindet sich ein Heimatmuseum mit über 2000 Exponaten in der Mühle und dem umliegenden Ensemble mit Göpelschuppen, Wagenremise, Imkerhäuschen, Ziehbrunnen und Obstwiese. Dazu gehören Fundstücke aus der Stein-, Bronze- und Eisenzeit und zur Mühlengeschichte. In der Alten Sägerei finden wir neben einer Schuhmacherwerkstatt, Stellmacherei und Schmiede Ausstellungen zu Textil, Haushalt und Handwerk. In dem hübschen Mühlenhaus im Villenstil befindet sich das Atelier von Heidi und Holli Schröder, in dem Werke der Künstler zu sehen sind und wechselnde Ausstellungen stattfinden. Hübsch und einladend ist auch der kleine Ateliergarten.

Mühle „Anna"
Möhlnbarg 5
24354 Rieseby
Heimatmuseum und Mühle:
T. 04355 12 44
Atelier: T. 04355 98 99 81
www.muehle-anna.de
Heimatmuseum und Mühle:
Sa u. So 14–17 Uhr
Atelier: Do–So 14–18 Uhr

Eckernförde

1 Entdecken
Eckernförde

Herrlicher Ausblick vom Kirchberg

Als im Verlauf der letzten Eiszeit vor über 10 000 Jahren die Eckernförder Bucht durch einen vorrückenden Gletscher ausgehoben wurde, schoben sich nördlich der jetzigen Eckernförder Altstadt gewaltige Erdmassen auf und formten den sogenannten Petersberg. Noch aus vormittelalterlicher Zeit thronte lange eine Burg auf der Erhebung über der Eckernförder Bucht, bis an dieser Stelle um 1150 mit dem Bau der Feldsteinkirche Borby begonnen wurde. Die Kirche liegt lediglich einige hundert Meter vom Eckernförder Hafen und der Altstadt entfernt. Von dem Petersberg aus hat man einen herrlichen Blick auf die Ostsee und das beschauliche Fischerstädtchen.
Nach Überqueren der Holzbrücke, die das Hafenbecken überspannt, halten wir uns rechts und folgen der Straße Petersberg. An deren Ende geht es über die Stufen steil bergan, bis wir die Borbyer Kirche erreichen. Rechter Hand passieren wir hier eine kleine Plattform, auf der es sich gut verweilen und die Aussicht genießen lässt. Eine kleine Tafel benennt die wichtigsten Gebäude der Eckernförder Altstadt, die man von hier aus erspähen kann.

Borbyer Kirche
24340 Eckernförde
T. 04351 88 99 44
www.kircheborby.de

2 Entdecken Eckernförde

Von Umweltinformationen und verlassenen Jung-Eichhörnchen

Das seit 1996 bestehende UmweltInfoZentrum (UIZ) in Eckernförde, nahe dem Windebyer Noor, ist eine Umweltbildungseinrichtung, die mit Aktionen, Führungen und Seminaren das Verständnis für die Zusammenhänge in der Natur schärfen will, was letztlich in eigenen Bemühungen zum Schutz der Natur münden soll. Färben mit Pflanzen, Fledermausnächte, Honigherstellung, Naturerleben im Garten, Wildkräuter sammeln und verspeisen sind nur einige der Veranstaltungsthemen. Einzelbesucher können das Gelände besuchen und durch den Kloster-, Stein- und Färbergarten wandern. Man kann sich die Nisthilfen für Vögel, Insekten und andere Tiere, die Streuobstwiese und Kleingewässer ansehen und sich Anregungen für die naturschutzgerechte Gestaltung des eigenen Gartens holen. In der angegliederten Eichhörnchen-Schutzstation kann man Eichhörnchen beobachten und sich über die braunen Nagetiere

mit den Pinselohren informieren. In der Schutzstation können verlassene oder verletzte Eichhörnchen abgegeben werden.

UmweltInfoZentrum Eckernförde (UIZ)
Noorwanderweg/
Hans-Christian-Andersen Weg 7
24340 Eckernförde
T. 04351 30 27
www.umweltbildung-eck.de/uiz.html

Eichhörnchen-Schutzstation
T. 04351 72 02 55
www.eichhoernchen-eck.de

3 Genießen
Eckernförde

Bonbonhandwerk live erleben

Mit einem lauten Rauschen landen die Himbeerbonbons frisch aus der Presse in einer großen Metallschüssel. Jetzt heißt es, noch einige Minuten Geduld haben, während der Bonbonmeister die süßen Versuchungen schüttelt, damit diese während des Abkühlprozesses nicht aneinanderkleben. Den Zuschauern läuft schon das Wasser im Mund zusammen, dann endlich darf man zugreifen und die noch warmen Bonbons kosten.
Während man in dem Bonbonladen nach Lust und Laune aus dem schier unübersichtlichen, verlockenden Angebot seine individuelle Tüte befüllen kann, hat man durch eine große Glasfront einen super Blick in die Manufaktur. Die freundlichen Bonbonkocher erläutern dabei mit echtem norddeutschen Humor jeden Handgriff und jedes Detail.
Das bunte Bonbonsortiment reicht von Fenchelbonbons über Hasenködel (kleine Lakritzbonbons) und Rhabarber-Karamellbonbons bis hin zu Salmiakfondant in Vollmilchschokolade. Da sollte wirklich für jeden Geschmack etwas dabei sein.
Direkt nebenan kommen Schokoladenfreunde auf ihre Kosten. Ebenfalls in einer offenen Manufaktur werden feinste Schokoladen kreativ und bunt mit den edelsten Zutaten verfeinert.

Bonbonkocherei & Schokoladen Hermann Hinrichs

Frau-Clara-Straße 22
24340 Eckernförde
T. 04351 88 99 86
www.bonbonkocherei.de
Di–Fr 11–18 Uhr, Sa 10–18 Uhr, So 11–17 Uhr; in den Wintermonaten sonntags nur eingeschränkt geöffnet

4 **Genießen**
Eckernförde

Hochprozentige Handwerkskunst

Wer sich für hochprozentiges erwärmen kann, ist in der Clara Hof Destillerie, unmittelbar am Eckernförder Hafen in einem kleinen Innenhof gelegen, genau richtig. Mit viel Sachverstand und Enthusiasmus sowie einer gehörigen Portion Experimentierfreude bereiten Andreas und Tanja Michelsen feine Spirituosen an der kupfernen Edelbrandkolonne zu. Wer etwas Glück hat, wird bereits beim Eintreten von intensiven Gerüchen nach Fenchel, Kümmel, Anis und Koriander begrüßt. Dann stehen die Chancen gut, dass gerade gebrannt wird und man in der gläsernen Manufaktur zugucken kann.

Das Angebotsspektrum umfasst diverse Geiste, Spirituosen und Liköre in den unterschiedlichsten Geschmacksrichtungen. Eine kleine Besonderheit sind die angebotenen Porst-Spirituosen, genutzt werden dafür die Blätter vom Sumpfporst, eines Strauches, der in Nordeuropa vorkommt und bereits im Mittelalter und zu Zeiten der Wikinger zum Brauen alkoholischer Getränke genutzt wurde.

Wer ob des großen Angebotes unschlüssig ist, wird fachkundig beraten und eingeladen, einige Sorten zu probieren.

Clara Hof Destillerie
Frau-Clara-Str. 26a
24340 Eckernförde
T. 04351 88 08 856
www.clara-hof-destillerie.de
Mo–Fr 10–18 Uhr, Sa 10–16 Uhr

5 **Erleben**
Eckernförde

Der Fischstreichelzoo

Wer schon immer mal wissen wollte, wie sich Scholle, Krebs und Seestern anfühlen, ist im Ostsee Info-Center (Foto) genau richtig. Hier wird die Ostseewelt mit ihren Bewohnern erlebbar. Am Fühlbecken heißt es aber, auf die Anweisungen der fachkundigen Mitarbeiter zu achten, denn sonst verschwinden die Tiere ganz schnell entnervt in die hinteren Ecken des Beckens. Abgesehen vom Seestern, der mangels Schnelligkeit den forschenden Händen hilflos ausgeliefert ist. Vor allem für Kinder ist das große Fühlbecken ein tolles Erlebnis. Doch auch für alle anderen lohnt sich ein Besuch auf jeden Fall, denn die großen Meeresaquarien, eine Schweinswalausstellung und ein Ostseedachgarten, jeweils mit reichlich Informationen begleitet, lässt selbst hartgesottene Ostseekenner immer wieder staunen. Abgerundet wird das Angebot durch ein hervorragendes Café mit herrlichem Ausblick auf die Eckernförder Bucht, eine große Sonnenterrasse und einem umfangreichen Strandspielplatz für die Kleinen.

Ostsee Info-Center
Jungfernstieg 110
24340 Eckernförde
T. 04351 72 62 66
www.ostseeinfocenter.de
April bis Oktober: tgl. 10–18 Uhr
November bis März:
tgl. 11–18 Uhr

6 Erleben
Eckernförde

Segeltörn und Süßes

Wer nicht mit einem Segelboot über die Ostsee geschippert ist, angetrieben nur vom Wind, die Gischt der Wogen im Gesicht, der kann eigentlich nicht behaupten, die Ostsee wirklich erlebt zu haben.

In Eckernförde bietet sich die Möglichkeit, auf der 1962 erbauten Spitzgattketsch *Tu Solo Tu* für einen Törn über die Eckernförder Bucht in See zu stechen. Die etwa anderthalbstündige Tour findet in der Nebensaison von Freitag bis Sonntag statt, samstags bietet sich mit der Sonnenuntergangsfahrt noch ein ganz besonderes Erlebnis an. Von Juni bis September werden zusätzlich täglich mehrere Törns angeboten.

Der hübsche Segler mit dem roten Rumpf und den hellen Segeln kann außerdem für Gruppenausflüge gebucht werden, Fahrtdauer und Ziel können individuell abgestimmt werden. Auch Mehrtagestörns, beispielsweise in die dänische Südsee, sind möglich. Komplettiert wird das Angebot durch das Schnuppersegeln, bei dem jede Landratte eingeladen ist, auch selbst mal das Segel zu hissen oder das Steuerruder zu bedienen.

Auch wer nicht segeln möchte, kann dem im Eckernförder Hafen vertäuten Boot einen Besuch abstatten, denn dann werden in der Bootsküche leckere Crêpes zubereitet.

Segelschiff Tu Solo Tu
Schiffsbrücke
24340 Eckernförde
T. 04351 48 49 615
www.segelschiff-tusolotu.de

7 Erleben
Eckernförde

Moderne Kunst und Norddeutsche Motive auf Keramik

Hübsches Keramikgeschirr ist nicht nur ein schönes Mitbringsel für Freunde und die daheim Gebliebenen, sondern auch eine wirklich praktische Erinnerung an die Norddeutsche Küste. Handbemalt und individualisiert wird daraus sogar ein ganz persönliches Unikat. Möglich macht dies die Werkstatt KeramikAhoi, in der man fertige Keramikrohlinge bepinseln und bemalen kann. Der Kreativität sind dabei keine Grenzen gesetzt. Wer allerdings Angst hat, dass das Werk danach eher einem modernen Kunstwerk statt einem hübschen Mitbringsel ähnelt, der kann sich den reichen Fundus an Hilfsmitteln wie zum Beispiel Schablonen, Siebdruck oder Stempel zunutze machen. Dann kann fast nichts schiefgehen. Das Angebot an Rohlingen ist reichhaltig, Teller, Tassen, Vasen oder Hundenäpfe machen nur den Anfang. Man sollte allerdings ein wenig Zeit zum Brennen der selbstgemachten Kunstwerke einplanen.

KeramikAhoi
Langebrückstraße 22–24
24340 Eckernförde
T. 04351 73 44 103
www.keramikahoi.de
Do u. Fr 14–19 Uhr,
Sa u. So 11–18 Uhr

8 Erleben
Eckernförde

Der Europäische Naturfilmhotspot

Jedes Jahr im September steht Eckernförde für eine Woche ganz im Zeichen internationaler Naturfilme. Das mittlerweile europaweit größte Naturfilmfestival „Green Screen“ startete im Jahr 2007 in deutlich kleinerem Rahmen, mittlerweile schauen sich tausende Zuschauer die zahlreichen Beiträge an.
Alle eingereichten Filme werden von professionellen Juroren bewertet und die besten auf dem Festival dem Publikum vorgestellt. In unterschiedlichen Kategorien werden Siegerfilme gekürt, auch die Zuschauer dürfen ihren Lieblingsfilm wählen.

Man kann sich entweder für einzelne Filme, die an verschiedenen Orten, wie zum Beispiel dem Eckernförder Kino, der Stadthalle oder dem Ostsee Info-Center gezeigt werden, ein Ticket kaufen oder man entscheidet sich für das Festivalticket und schaut sich beliebig viele Filme an. Ein tolles Erlebnis – nicht nur für Naturbegeisterte.

Green Screen Festival
Frau-Clara-Straße 18
24340 Eckernförde
T. 04351 47 00 43
www.greenscreen-festival.de
11. bis 15. September 2019

9 Genießen
Eckernförde

Frisch gerösteter Kaffee und feine Pralinen

Was könnte es schöneres geben, als nach einem Erkundungstag in Eckernfördes Hafen und Gassen eine leckere Kaffeespezialität aus frisch gerösteten Bohnen zu genießen? Wer das ähnlich sieht, sollte sich aufmachen in die Eckernförder Kaffeerösterei in der Altstadt unweit des Hafens. Das Herzstück des Geschäftes ist der massive Kaffeeröster, der mit etwas Glück sogar in Benutzung ist. Dann kann man bei dem Röstvorgang zuschauen, während man sein Heißgetränk genießt. Die Einrichtung erinnert etwas an die legendären Wiener Kaffeehäuser, Wohlfühlatmosphäre ist garantiert.
Ein weiteres Highlight sind die leckeren Pralinen und Schokoladen, die man zum Kaffee naschen kann. Wer möchte, kann sämtliche Leckereien und Kaffeesorten auch mitnehmen und sich somit ein wenig Eckernförder Ostseeflair ins Heim holen.

Eckernförder Kaffeerösterei
Langebrückstr. 20
24340 Eckernförde
T. 04351 47 64 46
www.eckernfoerder-kaffeeroesterei.de
Mo–Fr 9–18 Uhr, Sa 9–14 Uhr

10 Genießen
Eckernförde

Frischer Fisch direkt vom Kutter

Noch vor etwa hundert Jahren war Eckernförde einer der bedeutendsten Fischereihäfen der gesamten Ostsee. Mit dem Niedergang dieses Wirtschaftszweiges in den letzten Jahrzehnten hat sich auch das Stadtbild drastisch gewandelt. Nicht nur die unzähligen Fischräuchereien sind nahezu vollständig verschwunden, sondern auch die vielen Fischkutter aus dem Hafen. An ihrer Stelle sind nun Segelboote und Motoryachten vertäut.

Einige Fischer halten sich allerdings noch wacker und kämpfen gegen den Strukturwandel, verschärfte Fangquoten und sinkende Fischbestände an. Am Eckernförder Hafen, von der Innenstadt aus gesehen links der alten Holzbrücke, kann man frischen Fisch direkt vom Kutter kaufen. Täglich von 8 Uhr an. Im Angebot ist je nach Saison das, was das Netz hergegeben hat. Dorsch und Butt sind fast immer dabei. Entlang der Hafenmauer finden sich je nach Fang unregelmäßig auch noch weitere Fischer ein, die ihre Beute zum Verkauf anbieten. Frischer geht es nicht.

Fisch vom Kutter
Hafenstraße
24340 Eckernförde
www.fischerleben-schleswig-holstein.de

11 Erleben
Eckernförde

Die Stadtgeschichte – präsentiert in historischen Räumlichkeiten

In dem bedeutendsten Profanbau der Stadt, dem Alten Rathaus, das Mitte des 15. Jahrhunderts als Zeughaus errichtet wurde, residiert seit 1987 das Stadtmuseum. Es zeigt die Stadtgeschichte von den Anfängen bis zur Gegenwart. Der Tag von Eckernförde ist der 5. April 1849, als das dänische Linienschiff *Christian VIII.* bei einem Landungsversuch aus ungeklärter

Ursache vor Eckernförde explodierte. Die Stadt während der Weimarer Republik und der Zeit des Nationalsozialismus sowie in der Nachkriegszeit, als zahlreiche Flüchtlinge aus den Ostgebieten einquartiert werden mussten, sind weitere Themen. Exponate zur Fischerei, zur Arbeitswelt und zum Badeleben, eine historische Modellbahnanlage und Wechselausstellungen sowie Sammlungen des Eckernförder Blumenmalers Max Streckenbach (1863–1936) und des Künstlers Carl Bössenroth (1863–1935) finden sich ebenfalls in den Räumlichkeiten des Museums.

Museum Eckernförde
Rathausmarkt 8
24340 Eckernförde
T. 04351 71 25 47
www.museum-eckernfoerde.de
November bis März: Di–Fr u. feiertags 14.30–17 Uhr, Sa u. So 11–17 Uhr
April bis Oktober: Di–Fr 10–12.30 u. 14.30–17 Uhr, Sa u. So 11–17 Uhr, feiertags 14.30–17 Uhr

12 Entdecken Eckernförde

Das Silber des Meeres wird haltbar gemacht

In früheren Zeiten muss ordentlich Räucherqualm über Eckernförde gelegen haben. Die Fischwirtschaft florierte und ebenso die fischverarbeitende Industrie. Bis zu 60 Räuchereien gab es Mitte des 18. Jahrhunderts, 1925 waren es noch 37. Mit dem Rückgang der Fischerei wurden auch mehr und mehr Räuchereibetriebe eingestellt. Heute gibt es noch eine Räucherei in Eckernförde. Der Förderverein Alte Fischräucherei Eckernförde e. V. bemüht sich, dieses wichtige Kapitel der Stadtgeschichte in Erinnerung zu bewahren. Seit 2012 wird auf dem ehemaligen Räuchereigelände der Firma Hopp ein Räucherei-Museum betrieben. In dem denkmalgeschützten Gebäudeensemble werden jeden Samstag Schauräuchereien durchgeführt, aber man kann auf Anfrage auch eine Besichtigung vereinbaren.

Museum Alte Fischräucherei
Gudewerdtstraße 71
24340 Eckernförde
T. 04351 71 22 22
www.alte-fischraeucherei.de
April bis Oktober: Sa 10–13 Uhr

13 Entdecken Eckernförde

Naturkundlich, geschichtlich und archäologisch informativer Wanderweg

Das Windebyer Noor war dereinst Teil der Ostsee, wurde aber durch Verlandungen und 1929 durch künstliche Aufschüttungen endgültig von der Ostsee abgetrennt und ist heute ein Strandsee, der hier als Noor bezeichnet wird. Eine Umrundung des Gewässers ist eine ebenso schöne wie informative Wanderung von etwa elf Kilometern. Vom Bahnhof am UmweltInfo-Zentrum vorbei, gelangen wir auf den Noorwanderweg (Foto rechte Seite). Infotafeln informieren über die Entstehung des Noors, die Vegetation der Ufer- und Verlandungszonen, den Keltischen Kalender sowie Kletter- und Schlingpflanzen am Wegesrand. Nach einer Pappelallee bei Kochendorf geht es nahe ans Wasser und einige Kilometer direkt am Ufer entlang. Der „Weiße Stein" im Wasser ist ein 48 Tonnen schwerer Findling, der seine weiße Färbung durch den Kot der Vögel, die wie der Kormoran gern darauf sitzen, bekommen hat.

Wir passieren noch Grabhügel der Bronzezeit und bekommen Informationen zu Moorleichen, die in der Nähe in Osterby und Damendorf gefunden wurden. Vorbei am Gut Windeby, erreichen wir wieder Eckernförde.

Wanderung durch das Windebyer Noor
www.ostseebad-eckernfoerde.de/wandern

14 Erleben
Eckernförde/Surendorf

Wassersport auf der Ostsee

Die Ostsee ist ein ideales Revier für Wassersport. Kein signifikanter Tiedenhub, wenig Strömung und eine unschlagbare Windausbeute sind hervorragende Bedingungen, um erste Erfahrungen im Wind- oder Kitesurfen, Katamaran- oder Jollensegeln zu machen. Kein Wunder also, dass nahezu jeder Strand der Ostseeküste, der bei den vorherrschenden Hauptwindrichtungen belüftet wird, mit einer eigenen Surf- und Segelschule aufwarten kann. In Eckernförde bieten sich die Stationen von Nordwind Wassersport e.V. an, die neben einer Station am Eckernförder Hauptstrand weitere in Surendorf, am südlichen Ende der Eckernförder Bucht, sowie in Damp einige Kilometer weiter nördlich betreiben. Auf dem Programm stehen auch SUP-Kurse, die Abkürzung steht für Stand Up Paddling. Dabei handelt es sich um eine relativ junge Sportart, bei der man sich auf einem vergleichsweise großen Surfboard stehend mithilfe eines Paddels fortbewegt. Diese Trendsportart ist vergleichsweise einfach zu erlernen und kann je nach eigener Vorliebe eher gemütlich und entspannend oder aber sportlich schnell betrieben werden.

Nordwind Wassersport
Zum Kurstrand
24229 Surendorf
T. 04308 18 31 11
www.nordwind-wassersport.de

15 Erleben
Eckernförde

Planschen im Meerwasser mit Meerblick

Bei original norddeutschem Wetter mit Sturm und Regen oder wenn die Wassertemperatur am Strand noch nicht in den angenehmen Bereich geklettert ist, muss man trotzdem nicht auf den Badespaß im Ostseewasser verzichten.

Das Meerwasser-Wellenbad Eckernförde nutzt echtes, angenehm temperiertes Meerwasser, sodass es sich fast wie in der echten Ostsee anfühlt. Aufgrund der Lage direkt am Strand hat man außerdem einen herrlichen Blick über die Eckernförder Bucht. Jeweils halbstündig wird die Wellenmaschine angeworfen, vor allem für die jüngeren Besucher ist das Schwimmen in den Wogen ein großer Spaß.

Komplettiert wird das Angebot durch eine üppige Saunalandschaft mit finnischer Sauna, Dampfbad, Solarium, Salzgrotte und einer Schneekabine für die Abkühlung nach dem Schwitzen in der Sauna.

Wer nach einem solch üppigen Angebot hungrig geworden ist, kann sich im angrenzenden Bistro stärken und den Ausblick auf die Ostsee von der Außenterrasse aus genießen.

Meerwasser-Wellenbad Eckernförde
Preußerstraße 1
24340 Eckernförde
T. 04351 90 54 06
www.meerwasser-wellenbad.de

16 Erleben Eckernförde

Mit dem Fahrrad von Eckernförde ins Umland

Als Ausgangspunkt für Radtouren in die Region ist Eckernförde sehr geeignet. Man kann Touren in die Hüttener Berge, in den Dänischen Wohld oder nach Schwansen unternehmen. Auch der Ostseeküsten-Radweg lädt in Richtung Norden nach Kappeln oder nach Südosten in Richtung Kiel zu einer Tagestour ein. Informationen über kleinere Rundtouren, z. B. um das Windebyer Noor, nach Damendorf oder um Borby herum von sechs bis 34 Kilometern Länge gibt es beim Verein Heimatgemeinschaft Eckernförde oder bei der Tourist-Information der Stadt.

Radtouren durchs Eckernförder Umland
www.heimatgemeinschaft-eck.de
www.ostseebad-eckernfoerde.de

17 Entdecken & Genießen
Eckernförde

Seit über 40 Jahren anspruchsvolle Kunst am Südstrand

Die Galerie Nemo zeigt seit 1980 Gemälde, Skulpturen, Rauminstallationen und andere Kunstwerke vor allem von Künstlern aus Nordeuropa, den Baltischen Staaten und der Region. In dem reetgedeckten Bootshaus direkt am Südstrand von Eckernförde hat Norbert Weber, der die Kunsteinrichtung nicht nur gegründet hat, sondern auch mit immer neuen Ideen und Aktionen am Leben erhält, auch eine Radier- und Kupferwerkstatt. In der Artothek kann man sich aus 800 Originalen ein Kunstwerk aussuchen und es zur Ausleihe mit nach Hause nehmen, so wie man sich auch Bücher für das intensive Studium und zum Durchlesen ausleihen kann.

Nordcult NEMO – Kupferdruck
Jungfernstieg 10
Bootshaus am Südstrand
24340 Eckernförde
T. 04351 71 25 00
www.nordcult.de
Mo–Fr 15–18 Uhr u. nach tel. Vereinbarung

18 Genießen
Altenhof

Mit Blick aufs Wasser genießen und treiben lassen

Am Südstrand, einige Fußminuten außerhalb von Eckernförde, liegt das Restaurant Treib-Gut malerisch unweit des Küstenwaldes. Das überschaubare, urgemütliche Innere des antiken Gebäudes wird ergänzt durch eine große Terrasse auf der Seeseite, die sich zum Strand hin öffnet. Hier in der Sonne sitzen und den Blick auf die Eckernförder Bucht mit der linker Hand auszumachenden Stadt schweifen zu lassen, ist eines der Highlights in diesem Restaurant. Das nächste lässt allerdings nicht lange auf sich warten, denn sobald die Speisen serviert werden, ist man vollends begeistert. Liebevoll, in echter Handarbeit zubereitete Gerichte mit feinsten Zutaten werden kreativ auf dem Teller angerichtet. Die Speisekarte ist im positiven Sinne klein, aber fein, so weiß der Gast, dass jedes einzelne Gericht mit Hingabe zubereitet wird. Sehr empfehlenswert sind auch die Desserts.

Restaurant Treib-Gut
Kiekut 1
24340 Altenhof
T. 04351 88 95 613
www.restaurant-treibgut.de

19 Erleben
Eckernförde

Minigolf ganz groß

Der Ball steuert genau auf die Fahne zu, nähert sich dem Grün, aber dreht kurz vor Erreichen des Ziels ab in Richtung Bunker und landet in dem gefürchteten Sandhindernis.

Der Ostseegolfplatz Eckernförde ist kein gewöhnlicher Minigolfplatz, auf dem man auf einer Betonbahn versucht, im Zickzackkurs in den Weg gestellte Gartenzwerge zu umspielen. Mit herrlichem Blick auf die Ostsee direkt am Strand südlich des Stadtzentrums gelegen, spielt man hier auf Kunstrasen, und die Grüns werden von Sandbunkern bewacht. Wie auf einem richtigen Golfplatz gilt es, eine Runde von 18 Löchern zu absolvieren, und ebenfalls wie beim großen Vorbild gibt es die Spielbahnen mit kurzem Rasen, auf dem der Ball gut rollt, und es gibt Roughs mit langem Rasen, die es tunlichst zu vermeiden gilt. Ein interessantes Konzept in schöner Atmosphäre.

Ostseegolf Eckernförde
Preußerstraße 26
24340 Eckernförde
www.ostseebad-eckernfoerde.de/golfen
15. März bis Juni u. September bis Oktober: tgl. 10–19 Uhr
Juli u. August: tgl. 8–21 Uhr

20 Entdecken
Eckernförde

Entlang der Steilküste und durch den Küstenwald

Am südlichen Ufer der Eckernförder Bucht kann man eine herrliche Wanderung mit einer Gesamtlänge von etwa vier Kilometern entlang der Steilküste und durch den Küstenwald unternehmen. Der Startpunkt ist der Strandpavillion südlich des Militärgeländes, der sich bequem zu Fuß vom Eckernförder Stadtzentrum aus erreichen lässt. Vorbei am Restaurant Treib-Gut (s. Tipp 18) folgen wir dem Küstenverlauf und errei-

chen den Beginn der Steilküste (Foto) und des ausgedehnten Waldgebiets Schnellmarker Holz. Die Steilküste führt dem Wanderer anschaulich vor Augen, mit welcher Kraft der Gletscher während der letzten Eiszeit die Eckernförder Bucht aus dem Untergrund gefräst hat. Nach einigen Minuten Fußmarsch entlang des aufgrund großer Steine mal mehr, mal weniger gut begehbaren Strandes führt ein recht steiler Weg die Steilküste hinauf in den Wald. Handläufe erleichtern den Aufstieg. Oben angekommen, kann man den herrlichen Ausblick auf die Eckernförder Bucht genießen und anschließend geht es scharf rechts abbiegend über den Waldweg zurück zum Ausgangspunkt der Wanderung.

Steilküstenwanderung an der Eckernförder Bucht
www.eckernfoerderbucht.de

Naturpark Hüttener Berge

1 **Naturerlebnisraum Kolonistenhof** 130
2 **AW-Erle** 130
3 **Rad- und Wandertour rund um den Bistensee** 131
4 **Seehotel Töpferhaus** 132
5 **Keramikcafé Alt Duvenstedt** 132
6 **Hof Jerusalem** 133
7 **Bergwanderung** 133
8 **Globetrotter Lodge** 134
9 **Whisky Krüger** 134
10 **Holtseer Landkäserei** 135
11 **Eiszeittour** 135
12 **Windmühle „Auguste“** 136
13 **Sehestedt** 137
14 **Himbeerhof Gut Steinwehr** 137

1 Erleben
Neu Duvenstedt

Vom harten Leben der Kolonisten auf der kargen Geest

Mitte des 18. Jahrhunderts wurden vom Dänischen König Kolonisten aus Süddeutschland angeworben, um auf der kargen Geest mit ihren sandigen, nährstoffarmen Böden zu siedeln und das Land landwirtschaftlich nutzbar zu machen. Vom beschwerlichen Leben und mühsamen Auskommen dieser Menschen berichtet der Naturerlebnisraum Kolonistenhof. Das Diakonie-Hilfswerk Schleswig-Holstein ist der Betreiber der Anlage und arbeitet mit Menschen mit Behinderungen und einem besonderen Förderungsbedarf. Auf dem 14 Hektar großen Außengelände und in dem Infogebäude gibt es Erlebnisstationen, Tiergehege mit Ziegen, Schafen und Kaninchen sowie Uhu und Kolkrabe, einen Skulpturenweg, Informationen zur eiszeitlichen Landschaftsentstehung und zur Tier- und Pflanzenwelt. Ein besonderes Highlight ist die Baumkirche aus 30 Eichen.

Naturerlebnisraum Kolonistenhof
Bornbarg 11
24791 Neu Duvenstedt
T. 04338 99 97 99
www.kolonistenhof.de

2 Erleben
Borgstedt

Wo bleibt der Müll?

Gemäß dem konfuzianischen Motto „Sagst Du es mir, so vergesse ich es; zeigst Du es mir, so behalte ich es vielleicht; lässt Du es mich ausprobieren, so behalte ich es mein Leben lang" betreibt die Abfallwirtschaft des Kreises Rendsburg-Eckernförde (AWR) ein Wissens- und Erlebniszentrum (AW-Erle), bei dem Selbstmachen und Experimente im Vordergrund stehen. Themenschwerpunkte der Veranstaltungen für Kinder und Jugendliche sind Abfallvermeidung und -trennung, Ernährung, Verbraucherbildung (nachhaltiger Konsum), lebendiger Boden und erneuerbare Energien. Wer sich dafür interessiert, wo der Müll aus der Tonne bleibt und wie er verarbeitet oder entsorgt wird, kann an den öffentlichen Führungsterminen zur Besichtigung der Bioabfallbehandlungsanlage teilnehmen, bei der Gruppen auch eigene Führungstermine buchen können.

AW-Erle
Borgstedtfelde 15
24794 Borgstedt
T. 04331 34 51 23
www.awr.de/engagement/warum-aw-erle

3 Entdecken
Bistensee

Rund um den Bistensee

Zahlreiche ausgewiesene Rad- und Wandertouren gibt es im Naturpark Hüttener Berge. Eine der schönsten ist die Umrundung des Bistensees. Start der etwa zwölf Kilometer langen Tour ist entweder im Ort Bistensee am Nordufer des Sees oder beim Seehotel Töpferhaus (s. Tipp 4) am Südufer. Das ist am Südpunkt der Wanderung auch gleich eine noble Einkehrmöglichkeit, aber auch das dort gelegene Keramikcafé (s. Tipp 5) lädt zu einer Rast ein. Schöne Ausblicke auf den See und auf die umliegende eiszeitlich geprägte Hügellandschaft eröffnet die Wanderung, die bisweilen auch direkt am Ufer entlangführt durch Feucht- und Erlenbruchwälder und am Wegesrand gesäumt von Blutweiderich, Buschwindröschen, Wasserdost und Engelwurz.

Rad- und Wandertour rund um den Bistensee
www.naturpark-huettener-berge.de

4 Genießen
Alt Duvenstedt

Schlemmen und erholen am See

Das Seehotel Töpferhaus am Bistensee bietet mit seinem nordischen Landhausstil und einem reichhaltigen Wellness-, Sport- und Unterhaltungsprogramm Entspannung, Erholung und Abwechslung für einen kurzen oder längeren Urlaub im Naturpark Hüttener Berge. Im angeschlossenen Restaurant LammButtRind genießt man feinheimischen Genuss mit frischen und nachhaltigen Zutaten aus Schleswig-Holstein. Sehr beliebt sind die Sonderveranstaltungen wie Jazzkonzerte, Tanzwochenenden, BBQ-Abende und anderes. Zum Ausklang des Tages sitzt man am knisternden Kaminfeuer oder auf der Sonnen- und Seeterrasse des Töpferhauses.

Seehotel Töpferhaus
Am See 1
24791 Alt Duvenstedt
T. 04338 99 710
www.toepferhaus.com

5 Genießen
Alt Duvenstedt

Keramik und Kaffee

Im Keramikcafé am Bistensee-Südufer gibt es nicht nur eine Ausstellung und den Verkauf von Handgetöpfertem. Das familiengeführte Café erfreut den Besucher der Hüttener Berge auch mit leckerem, selbstgebackenem Kuchen. Beides befindet sich in der alten Reetdachkate von 1764, und im Sommer lädt auch der gemütliche Garten mit einer Terrasse und Pavillons zum Kaffee- und Kuchengenuss ein.

Keramikcafé Alt Duvenstedt
Am See 1
24791 Alt Duvenstedt
T. 04338 99 92 25
März bis Oktober:
Di–So 13–18 Uhr
November bis Februar:
Mi–So 13–18 Uhr

6 Erleben
Owschlag

Es müssen nicht immer Hunde sein

Man kann auch mal mit Eseln spazieren gehen. Sabine Rathmann ist nicht nur zertifizierte Natur- und Landschaftsführerin, sondern auch Landwirtin und Heilpraktikerin und bietet seit 2009 für Einzelpersonen und kleine Gruppen Wanderungen durch den Naturpark Hüttener Berge mit ihren Großeseln an. Mit dem aktuellen Team aus Carlotta, Don Corleone, Gusolana, Eskima und Caline geht es vom Hof Jerusalem aus nach Rammsee, Tirol oder auf den Aschberg. Eine besondere Art für Natur- und Tierfreunde, den Naturpark zu erleben.

Hof Jerusalem
24811 Owschlag
T. 04353 99 87 866
www.eselwandern.wordpress.com

7 Entdecken
Ascheffel

Kleine Bergwanderung

Der Aschberg ist mit einer Höhe von 98 Metern über NN eine der höchsten Erhebungen in den Hüttener Bergen. Ein geeigneter Startpunkt für eine etwa fünf Kilometer lange Rundwanderung durch das Schoothorster Tal und die Besteigung der Anhöhe ist der

Parkplatz Silberbergen an der L 265. Als Einstieg in die Tour kann man sich zunächst auf dem 2,6 Kilometer langen Waldlehrpfad mit der Ökologie, Nutzung und Lebewelt des Waldes beschäftigen. Auf dem Aschberg steht etwas durch Bäume versteckt seit 1930 ein sieben Meter hohes Bismarck-Denkmal des Bildhauers Adolf Brütt. In früheren Zeiten war dies der Zielpunkt der Aschberg-Wanderung. Heute wird das Areal dominiert durch den neuen Aussichtsturm und die Globetrotter Lodge (s. Tipp 8). Das Foto zeigt den Blick vom Aussichtsturm auf dem Aschberg auf die schleswig-holsteinische Knicklandschaft. Im Vordergrund der Bismarckturm.

Bergwanderung
www.naturpark-huettener-berge.de

8 Entdecken
Ascheffel

Der Blick über die schleswig-holsteinische Knicklandschaft

Die Globetrotter Lodge des bekannten Hamburger Outdoorhändlers wurde 2013 eröffnet. Im Boutiquehotel stehen dem Wanderer und Durchreisenden angenehm gestaltete Übernachtungsmöglichkeiten zur Verfügung und im Restaurant Campfire wird viel Wert auf Regionalität und Nachhaltigkeit gelegt. Veranstaltungs- und Tagungsräume sind ebenfalls vorhanden. Ein besonderes Erlebnis ist der Blick vom 20 Meter hohen Aussichtsturm mit Kletterwand. An schönen Tagen kann man herrlich bis zum Wittensee, zur Ostsee und zur Schlei blicken und man bekommt einen Eindruck von der typischen Knicklandschaft in Schleswig-Holstein. Die Wallhecken durchziehen die Landschaft, zum Teil auch als Doppelknick, sogenannte Redder, beiderseits der Wege und stellen wichtige Elemente des Biotopverbundes und Lebensräume für die Tier- und Pflanzenwelt dar.

Globetrotter Lodge
Am Aschberg 3
24358 Ascheffel
T. 04353 99 80 00 10
www.globetrotter-lodge.de

9 Genießen
Holzbunge

Die Whiskywelt von gestern, heute und morgen

Das reetgedeckte Redderhus in Holzbunge beherbergte einst die Ausstellung und Information des Naturparks Hüttener Berge, seit 2015 dreht sich dort alles um Fitzgerald und Jim Beam, Port Ellen, Macallan, Highland Park und andere Whisky-Spezialitäten. Neben Whiskystore, Whiskycafé und Whiskymuseum gibt es auch eine Whiskymesse. Über die deutschen Whiskies und die aus aller Welt kann man sich in der einzigartigen Sammlung des Museums informieren. Im Laden sind über tausend Whiskysorten und 200 weitere hochprozentige Getränke im Angebot, 250 Whiskysorten sind im Café direkt zu kosten. Doch Vorsicht bei der Weiterfahrt: Den alkoholfreien Whisky gibt es bislang noch nicht.

Whisky Krüger
Hauptstraße 2
24361 Holzbunge
T. 04356 86 79 125
www.whiskykrueger.eu
Mi–Sa 10–18 Uhr, So 13–18 Uhr

10 Genießen
Holtsee

Tilsiter-Genuss seit 1942

Die 1938 gegründete Käserei in Holtsee hat sich bislang trotz vieler Krisen der Meiereien, Sanktionen gegen Lieferländer und sinkender Milchpreise behauptet. Der seit 1942 produzierte Tilsiter-Klassiker ist nach wie vor im Angebot, neben anderen Spezialitäten wie Holtseer Geest, Holtseer Cheddar mit Meersalz, Holtseer Feuer mit Chili. In der Käsekiste kann man die einzelnen Käsesorten direkt – sozusagen ab Werk – erwerben und in dem kleinen Café lässt sich vorher probieren, welche Geschmacksrichtungen einem am ehesten zusagen. Die Milch stammt von Landwirten aus der Region, die Mitglieder der Genossenschaft sind.

Holtseer Landkäserei
Dorfstraße 2
24363 Holtsee
T. 04357 99 710
www.holtseer.de

11 Erleben
Naturpark Hüttener Berge

Auf den Spuren der Eiszeit

Die Hüttener Berge sind nicht nur eine ideale Region zum Wandern, sondern es gibt auch ein interessantes Angebot an Radrouten im Naturpark. Reizvoll ist zum Beispiel die 46 Kilometer lange Eiszeittour (blaues Schneeflocken-Symbol). In Eckernförde am Bahnhof startend geht es bergan in die Hüttener Berge über Haby, mit Abstechermöglichkeit nach Holtsee zur gleichnamigen Käserei oder nach Sehestedt an den Nord-Ostsee-Kanal. Am Ostufer des Wittensees und über Groß Wittensee führt die Tour sodann nach Bistensee und über Damendorf und Osterby am Windebyer Noor entlang wieder nach Eckernförde. Die hügelige Landschaft, die Seen, Noore und riesigen Findlinge verdanken ihre Entstehung und Herkunft dem Wirken der Gletschermassen der letzten Eiszeit.

Eiszeittour
www.ostseebad-eckernfoerde.de/huettener-berge

12 Entdecken
Groß Wittensee

Nutzung des Windes in früheren Zeiten

Beim Blick über den Wittensee überragt und prägt die Windmühle „Auguste“ die Skyline von Groß Wittensee. Die 1874 erbaute Keller-Holländermühle mit Windrose und Jalousieflügeln hat bis 1958 Korn mit Windkraft gemahlen, danach mit Elektroantrieb. Seit 1972 steht sie unter Denkmalschutz und wurde 1998 bis 2001 umfassend restauriert. Die Mühle ist windgängig und mahlfähig und die 1,5 Stunden dauernde Mühlenführung begeistert die Besucher mit vielen Geschichten und Details zur Mühle und ihrer Technik. Das selbstgemahlene Weizen- und Roggenbackschrot und Dinkelmehl wird verkauft. Ein 1991 gegründeter Mühlenverein zur Erhaltung der Groß Wittenseer Mühle e. V. unterstützt die Besitzer beim Erhalt des historischen Bauwerks.

Windmühle „Auguste“
Mühlenstraße 1
24361 Groß Wittensee
T. 04356 99 51 49
www.windmuehle-auguste.de

13 Entdecken
Sehestedt

Die geteilte Gemeinde

Der Hüttener Berge-Urlauber wird auch den einen oder anderen Abstecher an den Nord-Ostsee-Kanal (NOK) unternehmen. Hierfür ist der Ort Sehestedt gut geeignet, der durch den Kanalbau in einen nördlichen und einen südlichen Teil zerschnitten wurde. Am Kanaltreff nahe der NOK-Fähre Sehestedt gibt es einen Freizeitpark mit Sport- und Spielgeräten, einen Dorfladen und Imbiss und den Blick auf den Kanal und die sich vorbeischiebenden Schiffe. Weiterhin sollte man der Anfang des 13. Jahrhunderts errichteten Dorfkirche, einem romanischen Feldsteinbau, dem 1820 im klassizistischen Stil errichteten reetgedeckten Pastorat mit dem Dorfmuseum sowie dem Gut, dem Obelisken und dem Schottendenkmal einen Besuch in Sehestedt abstatten.

Sehestedt
www.sehestedt.de

14 Genießen
Bovenau

Himbeerhof Steinwehr

1762 wurde das Gut Steinwehr erstmalig urkundlich erwähnt. Das heutige Herrenhaus stammt aus dem Jahr 1932. Auf der Obstplantage kann man seine Früchte selbst pflücken. Die Saison beginnt mit den Erdbeeren ab Mai, denen die Süßkirschenernte im Juni folgt, ab Juli werden die Johannisbeeren und Himbeeren reif und als Letztes kommen die Brombeeren, Aroni- und Heidelbeeren an die Reihe. Nach der Ernte kann man sich im Gartencafé bei selbstgemachten Kuchen und Torten stärken, die mit frischem Obst aus der morgendlichen Pflückung bestückt sind. Der Blick vom Cafégarten über die Obstplantagen und zum Nord-Ostsee-Kanal hinunter ist grandios. In der Markthalle kann man Wohnaccessoires und im Hofladen Lebensmittel aus der Region, Honig, Marmeladen, Wildspezialitäten und edle Obstbrände erwerben.

Himbeerhof Gut Steinwehr
Steinwehr 20
24796 Bovenau
T. 04357 241
www.himbeerhof-steinwehr.de
Hofladen: Mo–Fr 12–18 Uhr,
Sa u. So 10–18 Uhr

Dänischer Wohld

1 **Entdecken**
Altenhof

Adelige Guts- und Herrenhausanlage an der Ostsee

Golfspielern und Herrenhaus-Begeisterten ist das adelige Gut Altenhof bei Eckernförde ein Begriff. Alle anderen können die eindrucksvolle Gutsanlage, die bereits um 1410 hier urkundlich erwähnt wurde, mit dem Herrenhaus kennenlernen. Die Restauration des Golfplatzes mit ihrem erlesenen Weinangebot steht Besuchern offen. Schon die imposanten Eichenalleen und die Parkanlage sind beeindruckend und erst recht die auch als Schloss bezeichnete Anlage des Herrenhauses. Übernachtungsmöglichkeiten gibt es in den zum Gut gehörenden Strandhäusern. Sehr beliebt sind auch die Veranstaltungen und Konzerte im Kuhhaus, unter anderem des Schleswig-Holstein Musik Festivals (SHMF) ebenso wie der Sommer- und Weihnachtsmarkt.

Gut Altenhof
24340 Altenhof
T. 04351 66 66 475
www.gutaltenhof.de

2 **Entdecken**
Altenhof

Nervenkitzel in 25 Metern Höhe

In bis zu 25 Metern Höhe durch die Bäume zu klettern und zu hangeln, ist schon ein besonderes Erlebnis und Abenteuer – zu erleben in einem der größten Natur-Hochseilgärten Deutschlands in Altenhof. In einem Buchenwald nahe der Ostsee lassen sich über hundert Kletterelemente, Seilbahnen und Hängebrücken unterschiedlicher Schwierigkeitsgrade von leicht bis sehr schwer erkunden. Tarzanschwung, Fischfalle, Elefantenrüssel, Fliegender Fisch sowie Tausendfüßler und Fliegende Spinne sind einige der zu bewältigenden Kletterelemente. Beim Vollmondklettern geht es bei Nacht mit der Stirnlampe durch den von Lampen und Fackeln ausgeleuchteten Wald.

Hochseilgarten Altenhof
Am Bahnhof 14
24340 Altenhof
T. 04351 66 73 33
www.hochseilgarten-eckernfoerde.de
Juni bis August: tgl. 10–17 Uhr
April u. Mai, September u. Oktober:
Di–Fr 13–16 Uhr,
Sa, So u. feiertags 10–16 Uhr

3 Erleben
Schwedeneck

Badeerlebnis an der Eckernförder Bucht
Schöne Strände gibt es an der Südküste der Eckernförder Bucht in Schwedeneck reichlich. Zum Strand in Dänisch-Nienhof (Foto) läuft man vom Parkplatz zum Strand zwar erst einmal 250 Meter, aber dafür hat man dann einen herrlichen Sandstrand vor einer prächtigen Waldkulisse. Der Strand ist ebenso wie der in Surendorf abgabepflichtig. Dafür gibt es Sanitäreinrichtungen, eine Gastronomie und Strandkörbe. Sehr beliebt sind aber auch die Naturstrände wie die in Noer, Hohenhain, Stohl, Jellenbek und Grönwohld. Diese bieten auch immer ein mehr oder weniger nettes Stück Wildnis an der Ostsee mit Geröllstränden, Wald und Steilufer und sind auch für Hunde zugelassen.

Strände in Schwedeneck
Schwedeneck Touristik
Zum Kurstrand 5
24229 Schwedeneck
T 04308 331
www.schwedeneck.de/schwedenecks-straende

4 **Erleben**
Schwedeneck

Wandern am Gestade der Ostsee

Das Ostseeufer der Eckernförder Bucht im Dänischen Wohld ist ideal für Wanderungen geeignet. Verschiedene Rundtouren sind möglich, wie zum Beispiel die etwa 13 Kilometer lange Rundtour ab Stohl (Foto) zur Ostseeküste und dann an dieser entlang bis Surendorf, von wo es durch das Binnenland über Mariannenhof wieder nach Stohl geht. Der Streckenverlauf von Eckernförde an der Südküste der Bucht entlang über Bülk bis Kiel ist Teil des Europäischen Fernwanderwegs E1 (Markierung weißes Andreaskreuz), der vom Nordkap bis nach Sizilien führt. Das Teilstück an der Eckernförder Bucht ist besonders attraktiv, weil es immer an der Küste an Stränden, Steilufern und Küstenwäldern entlangführt. Also vielleicht mal etwas für eine erlebnisreiche, mehrtägige Wanderung?

Wanderung am Steilufer und in den Wäldern

www.ostseebad-eckernfoerde.de/wandern

5 **Genießen**
Strande

Speisen unter dem Leuchtfeuer

Herrlich maritim mit Ostseeküstenufer und Leuchtturm kann man den Fördeausblick im Leuchtturm-Pavillon am Bülker Leuchtturm genießen. Von den Frühstücksarrangements bis zum Cocktailabend gibt es mit Fisch, Fleisch und Meeresfrüchten sowie mit einem reichhaltigen Kuchen- und Tortenangebot ein umfängliches kulinarisches Programm. Der Bau des heutigen Leuchtturms wurde 1862 unter dänischer Herrschaft begonnen, allerdings dann durch den Krieg verzögert und erst unter neuer Herrschaft durch die Preußen 1865 fertiggestellt. Der Blick von der 25 Meter hohen Plattform (Foto) ist herrlich. Den Besuch des Leuchtturms kann man mit einer kleinen Wanderung von Strande aus verbinden, und auch ein Abstecher zum Steiluferweg an der Eckernförder Bucht mit Blick auf die Ostsee und in Richtung Binnenland auf die nahe gelegene Kläranlage ist lohnend.

Leuchtturm-Pavillon
Leuchtfeuer Bülk
24229 Strande
T. 04349 92 64
www.leuchtturm-pavillon.de
Di–Fr 10–19 Uhr,
Sa, So u. feiertags 9–19 Uhr

6 Entdecken
Strande

Frische Fische vom Fischkutter

Das bekannte Ostseebad Strande an der Kieler Förde besitzt eine gute touristische Infrastruktur mit ausgedehnten, weißen Stränden, die einen wunderbaren Ausblick auf die Förde und die Kieler Bucht ermöglichen. Hinzu kommen fein gemachte Promenaden, reichlich Gastronomie und ein Hafen in dem ordentlich was los ist. Morgens kann man sich hier den Fisch fangfrisch vom Kutter holen. Frischer kann man Dorsch, Scholle, Steinbutt, Hering und Seehase nicht in die Pfanne bekommen.

Strande
Tourist-Information Strande
Strandstraße 12
24229 Strande
T. 04349 290
www.strande.de

7 Entdecken
Strande

Aal, Forelle und Saibling

Wer nicht so gerne Meeresfische vom Strander Hafenkutter mag, hat in Strande auch die Möglichkeit, sich Süßwasserfische frisch zu besorgen. In der Fischfarm Forelli werden seit fast 50 Jahren Süßwasserfische gezüchtet, gehalten und verkauft. Es gibt Forelle, Saibling, Lachsforelle, Karpfen und Aal, die alle auch geräuchert angeboten werden. Die Lachsforelle kann man sowohl heiß als auch kalt geräuchert bekommen. Nicht schlecht, staunte der Besitzer, als im Jahr 2018 ein zwei Meter langer Wels mit einem Gewicht von etwa 50 Kilogramm in einem der Fischteiche im Netz zappelte.

Fischfarm Forelli
Zum Mühlenteich 5
24229 Strande
T. 04349 91 99 14
www.fischfarmforelli.de

8 Genießen
Strande

Kaffee- und Kunstgenuss an der Kieler Förde

Im AtelierCafé in Strande können Sie nicht nur Torten, sondern auch Kunst genießen. Die Torten sind Klassiker und alle selbstgemacht. Es gibt Stachelbeer-Baiser, Pfirsich-Joghurt, Mandarine-Vanille-Schmand, Marzipan-Nuss und viele andere. Im Atelier gibt es ausgewählte Bücher, Kunsthandwerk und es finden wechselnde Ausstellungen von Künstlern aus der Region statt. Wunderbar ist der Blick von der Terrasse auf die Kieler Außenförde.

AtelierCafé
Dorfstr. 6
24229 Strande
T. 04349 12 98
www.atelier-cafe-strande.de
Mi–Fr 14–18 Uhr,
Sa, So u. feiertags 13–18 Uhr

9 Entdecken
Birkenmoor

Von Findlingen und Grabhügeln
Wer im Dänischen Wohld wandernd, mit dem Fahrrad oder auch mit dem Auto unterwegs ist, sieht bisweilen aufgetürmte große Felsbrocken (Findlinge) oder kleinere, baumbestandene Hügel auf Äckern und Wiesen. Oft handelt es sich um steinzeitliche Grabanlagen (Megalithgräber) oder bronzezeitliche Bestattungshügel. Früher gab es deutlich mehr, aber viele dieser Grabhügel wurden eingeebnet, um besser Landwirtschaft betreiben zu können, oder das Steinmaterial wurde verwendet. Heute stehen alle Grabanlagen unter Denkmalschutz. Besonders schöne und gut erhaltene Grabhügel kann man bei Birkenmoor an der L 44 von Stohl nach Gettorf auf freiem Feld besichtigen.
Grabhügel bei Birkenmoor

10 Entdecken
Felm

Ein Stück Moor- und Waldwildnis in Schleswig-Holstein

Das Kaltenhofer Moor, das Sie erreichen, wenn Sie auf der Straße von Altenholz nach Felm kurz vorher rechts Richtung Krück abbiegen, ist ein altes Naturschutzgebiet, das bereits seit 1942 als solches ausgewiesen ist. Zusammen mit dem anliegenden Wald Stodthagen kann sich hier die Natur weitgehend frei entwickeln. Das Gebiet ist zu großen Teilen im Besitz der Stiftung Naturschutz Schleswig-Holstein. Das Moor wird renaturiert, im Wald wurde die Nutzung eingestellt und es findet eine Entwicklung zum feuchten Bruchwald mit hohen Alt- und Totholzarealen statt. Sumpf-Calla, Laubfrosch, Kammmolch und vor allem Rotbauchunke sind einige der Pflanzen und Tiere, die im Gebiet vorkommen. Durch den Wald gibt es Wanderwege und auch am Rand des Kaltenhofer Moores kann man entlangwandern.

Kaltenhofer Moor und Naturwald Stodthagen
www.stiftungsland.de/karte/stiftungslandgebiete/stodthagen

11 Erleben
Felm

Imkerei früher und heute

Helmut Wedekind hat so einiges zusammengetragen in seinem Imkereimuseum in Felm. Hunderte von alten Gerätschaften und Exponaten rund um das Thema Biene und Honig machen die Geschichte der Honiggewinnung und Imkerei anschaulich deutlich. Die Entwicklung der Wohnstätten der Bienenvölker (Beuten) vom Strohkorb bis zur heutigen Kunststoffbeute werden ebenso gezeigt wie unterschiedliche Wachs- und Honigpressen, Honigschleudern und andere Hilfsmittel der Imkerei. Eine umfangreiche Bibliothek und diverse Veröffentlichungen zum Thema sind ebenfalls vorhanden.

Historische Imkerei Felm
Voßberg 7
24244 Felm
T. 04346 68 90
Besuch nach tel. Anmeldung möglich

12 Entdecken
Knoop

Wanderung zwischen altem und neuem Kanal

Eine hübsche Wanderung am Nord-Ostsee-Kanal (NOK) zum Gut Knoop und der Rathmannsdorfer Schleuse können wir am nördlichen Anleger der kleinen NOK-Personenfähre nahe der Holtenauer Schleusenanlagen starten. Hierzu biegen wir hinter der Hochbrücke vom Kanal ab in Richtung Gutsgelände. Das zweigeschossige mit Dreiecksgiebeln und ionischen Säulen versehene Herrenhaus gilt als eines der bedeutendsten Werke des Klassizismus in Schleswig-Holstein. Weiter geht es zur restaurierten Rathmannsdorfer Schleuse, die um 1781 erbaut wurde und einen Rest des Alten Eiderkanals, dem Vorläufer des NOK, darstellt. Wir gelangen dann wieder an den Kanal und können mit Blick auf die großen Hochseepötte, am Restaurant Kanalfeuer vorbei, wieder den Fähranleger erreichen.

Wanderung am Nord-Ostsee-Kanal
www.wanderbares-schleswig-holstein.de

13 Genießen
Altenholz/Knoop

Einkehren direkt am Nord-Ostsee-Kanal

Genießen Sie neben der deutschen, mediterranen und internationalen Küche auch den wunderbaren Blick auf den Nord-Ostsee-Kanal (NOK). Von der Terrasse des Kanalfeuers ist der Blick frei auf die vorbeischippernden Frachter, Ausflugsboote und Kreuzfahrtschiffe. Für die Speisen werden frische und regionale Produkte verwendet. Auf der Karte gibt es Schleswig-Holsteinische Spezialitäten und auch vegetarische/vegane Gerichte. Für den Nachmittag kann man sich an hausgebackenen Kuchen und Torten laben, die Kaffee- und Tee-Spezialitäten sind biologisch angebaut und fair gehandelt.

Restaurant und Café Kanalfeuer
Knooper Dorfstraße
24161 Altenholz/Knoop
T. 0431 36 99 408
www.kanalfeuer.de
Mo, Mi–Fr ab 17 Uh, Sa ab 15 Uhr,
So u. feiertags ab 11.30 Uhr

14 Entdecken
Gettorf

Geologie zum Anfassen

Das Team aus Naturwissenschaftlern, Landschaftsführern und Pädagogen betreibt mit dem Geotanium eine sowohl stationäre Ausstellung in Gettorf sowie ein mobiles Museum, das in Schulen, zu Messen, Veranstaltungen oder in Firmen ein- oder mehrtägige Ausstellungen und Kurse usw. zur Verfügung stellen kann. Auf dem Gettorfer Ausstellungsgelände befinden sich u. a. eine Edelsteinmine, eine Goldwaschanlage und eine Dinoausgrabung. Neben Kindern werden auch Erwachsene mit Vorträgen, Exkursionen, Kursen und Führungen angesprochen. Themen sind beispielsweise geologische Ostsee-Strandwanderung, Entstehung der Ostsee, Bernsteinschleiferei und Klimawandel.

Geotanium
Eckernförder Chaussee 5
24214 Gettorf
T. 04346 60 29 02
www.geotanium.de
Di–Fr 14–18 Uhr,
Sa u. So 13–18 Uhr

15 Erleben
Gettorf

Tiere ganz nah erleben

Der traditionsreiche Zoo wurde im Jahr 1968 in Gettorf eröffnet und bietet den Besuchern heute circa 800 Tiere aus 120 Arten. Besonders bedeutsam ist der Bestand an Affen wie Schimpansen, Gibbons, Berberaffen und Mähnenspringern, Schopfmakaken und vielen anderen. Darüber hinaus gibt es Erdmännchen, Esel, Kängurus und in der Südamerikaanlage Flachlandtapire, Nandus und Meerschweinchen. Es gibt einen Streichelzoo, eine Sittichanlage und eine Tropenhalle mit Baumfarnen, Passionsblumen und Feigenbäumen sowie einer Freiflughalle, in der zum Beispiel Victoria-Krontauben herumflattern. Es gibt Spiel-, Grill- und Picknickplätze und diverse weitere Attraktionen für Kinder. Weit über die Region hinaus bekannt ist das Ponygestüt Holstein mit Shetlandponys, Welsh-Cob und Deutschen Reitponys.

Tierpark Gettorf
Süderstraße 33
24214 Gettorf
T. 04346 41 600
www.tierparkgettorf.de
März bis Oktober: tgl. 9–18 Uhr
November bis Januar:
tgl. 10–16 Uhr
Februar: tgl. 10–17 Uhr

16 Erleben Gettorf

Die Welt steht Kopf

Mittlerweile gibt es mehrere Häuser, die auf dem Kopf stehen und bei dem alle Einrichtungsgegenstände sozusagen kopfüber an der Decke hängen. Neben Bispingen, Usedom, Leipzig, am Edersee und anderen gibt es in Gettorf seit 2010 ebenfalls ein solches „Verrücktes Haus" auf dem Gelände des Tierparks Gettorf. Erst einmal muss sich das Gleichgewichts-Sinnesorgan an die ungewöhnliche Perspektive gewöhnen, aber dann geht es ganz gut. Fotos sind am eindrucksvollsten, wenn man sie mit den von der Decke hängenden Gegenständen und Personenpuppen aufnimmt und dann einmal um 180 Grad dreht.

DAS VERRÜCKTE HAUS
Süderstr. 33
24214 Gettorf
www.dasverruecktehaus.de/standort-kielgettorf.html
März bis Oktober: 9–18 Uhr; im Winter in den Weihnachtsferien

17 Entdecken Gettorf

Einblicke in das Gettorfer Leben früherer Zeiten

Das Heimatmuseum befindet sich direkt neben der historischen Windmühle von 1869. Im Seidelzimmer mit Exponaten aus dem 18. und 19. Jahrhundert finden sich u. a. hübsche Kellinghusener Fayencen aus dem 19. Jahrhundert. Eine komplette Schusterwerkstatt und ein Klassenzimmer aus den Anfangszeiten des 20. Jahrhunderts sind ebenfalls

vorhanden. In einem Nebengebäude gibt es landwirtschaftliche Geräte, Kutschen sowie Tischler- und Schmiedewerkzeuge zu bestaunen. Bisweilen finden auch Sonderausstellungen statt.

Heimatmuseum an der Mühle
Mühlenstraße 19
24214 Gettorf
T. 04346 60 08 30
www.museen-sh.de/Museum/DE-MUS-924218
Do 14–17 Uhr u. nach Vereinbarung

18 Entdecken
Großkönigsförde

Das Wirken der eiszeitlichen Kräfte

Der Stein aus Småland-Granit dürfte etwa 1,8 Milliarden Jahre alt sein und hat sich vor etwa 20 000 Jahren während der letzten Eiszeit nochmal auf eine für einen Stein recht weite Wanderung gemacht. Die eiszeitlichen Gletscher, die auch die Hügel- und Seenlandschaft des Östlichen Hügellandes in Schleswig-Holstein geformt haben, haben den 180 Tonnen schweren Findling mit einem Umfang von 18 Metern mühelos aus dem schwedischen Småland nach Großkönigsförde geschoben. Der Sage nach ist der Teufel dafür verantwortlich, der sich über die von der Kirche St. Jürgen in Gettorf verbaute Sicht ärgerte und einen Stein darauf schleuderte. Der von Gott abgelenkte Wurf streifte nur die Kirche, dessen Turm seither etwas schief steht. Ein kleiner Nachbau des Findlings mit Teufel und Erläuterungstafel steht in Gettorf in der Fußgängerzone. Der auch als nationales Geotop ausgezeichnete und größte Findling Schleswig-Holsteins ist frei zugänglich und befindet sich nahe der Kreisstraße von Großkönigsförde nach Revensdorf.

Findling Großkönigsförde

19 **Erleben**
Gettorf

Den Dänischen Wohld auf zwei Rädern erkunden

Nach wie vor eine der besten Möglichkeiten, eine Region, ihre Besonderheiten und Menschen kennenzulernen, ist es, sich auf das Zweirad zu schwingen. Eine nette Tour durch den Dänischen Wohld kann man in Gettorf starten und dann über Osdorf und Birkenmoor nach Krusendorf (Foto: Steilküste bei Dänisch-Nienhof) und immer küstenparallel über Stohl, Schilksee und Friedrichsort nach Holtenau fahren. Abstecher an die Strände von Schwedeneck, Strande oder in Friedrichsort sind vielfältig möglich, um ein kleines Bad in der Ostsee zu wagen. Den Leuchttürmen Bülk, Friedrichsort und Holtenau kann man einen Besuch abstatten. Das ehemalige Militärgelände zwischen Friedrichsort und Holtenau ist von Radfahrern befahrbar und man gelangt über den Thiessenkai zur kleinen Fähre über den Nord-Ostsee-Kanal (NOK), wo auch die Möglichkeit besteht, in die Kieler Innenstadt zu gelangen. Ansonsten geht es am Kanal entlang weiter und über Altwittenbek und Tüttendorf zurück nach Gettorf.

Radtour Dänischer Wohld
www.ostseebad-eckernfoerde.de/radrouten-daenischer-wohld

Kiel

1 Genießen
Kiel

Das etwas andere Restaurant

Es soll zwar Glück bringen, aber mit dem Möwenschiss verbindet man doch eher Negatives, nämlich die unfreiwillige Unterbrechung eines schönen Strandspaziergangs. Gerade am Schilkseer Olympiazentrum (s. Tipp 3) ist vor allem im Sommer die Gefahr groß, einen der Grüße aus dem Himmel zu kassieren. Daher bietet es sich an, zwischendurch im Restaurant und Café ElMövenschiss Schutz zu suchen.

Hier ist nicht nur der Name außergewöhnlich, sondern auch die Küche – außergewöhnlich gut muss man sagen. Angefangen bei den norddeutschen Klassikern, machen sich asiatische und mediterrane Einflüsse in den Speisen bemerkbar. Dies kann man schwer beschreiben, man muss es einfach erlebt haben. Sehr lecker sind auch die Tapas, die immer ab dem frühen Abend bestellt werden können, oder auch die Desserts mit hausgemachtem Eis.

So ungewöhnlich der Name und die Küche, so gewöhnlich ist der Blick auf den Yachthafen und die Kieler Förde, der ist nämlich einfach nur grandios.

Zipner's ElMövenschiss
Soling 36
24159 Schilksee
T. 0431 888 05 14
www.elmoevenschiss.de
So–Do 11–22 Uhr,
Fr u. Sa 11–23 Uhr

2 Genießen
Kiel

Die vielleicht besten Fischbrötchen der Stadt

Nicht nur die menschlichen Gäste, sondern auch die Möwen auf dem Dach essen gerne Fisch. Da die schlauen Tiere gemerkt haben, dass es doch bedeutend einfacher ist, dem ahnungslosen Gast das Fischbrötchen aus der Hand zu schnappen, anstatt selbst auf die Jagd nach Hering, Sprotte und Co. zu gehen, ist Vorsicht angebracht. Es wäre nämlich schade um das leckere Essen. In dem kleinen Kiosk bekommt man nicht nur die Fischbrötchenklassiker wie Backfisch oder Bismarckhering im Brötchen, sondern auch besondere Spezialitäten wie fruchtig marinierten Lachs oder Cherry Matjes. Für den großen Hunger stehen auch vollständige Fischgerichte auf der Speisekarte. Egal, wofür man sich entscheidet, serviert wird garantiert mit norddeutschem Humor.

Hafen-Kiosk Goldfisch Schilkseer Fischbrötchen
Soling 50
24159 Kiel
T. 0171 41 43 063
tgl. ab 11 Uhr bis es dunkel wird

3 Entdecken
Kiel

Der olympische Betonklotz

Jedes Jahr zur Kieler Woche herrscht im Olympiazentrum Schilksee der Ausnahmezustand. Unzählige Segler rennen kreuz und quer über das Gelände, Wanten, Segel und Schwimmwesten liegen herum und eilig ablegende Boote nehmen sich gegenseitig die Vorfahrt.

Wie der Name bereits andeutet, wurde der Hafenkomplex im Kieler Stadtteil Schilksee zu den Olympischen Sommerspielen 1972, die in München stattfanden, errichtet und war Austragungsort der Segel-Wettkämpfe. In der übrigen Zeit des Jahres geht es meist etwas ruhiger im Hafen zu, dann kann man entspannt mit einem Fischbrötchen in der Hand herumschlendern, die vertäuten Segelyachten und Boote bewundern und dem Verkehr auf dem Wasser zusehen. Der Blick schweift dabei über die Kieler Förde bis zum Laboer Ehrenmal am jenseitigen Ufer.

Der funktionale, trapezförmige Betonbau und die drei Hochhäuser sind nach heutigen Maßstäben alles andere als schön, versprühen aber, auch dank leichtem Anflug von Patina, einen gewissen Charme. Ein bedeutendes Stück Kieler Seefahrtsgeschichte ist die Anlage allemal.

Olympiahafen Schilksee
Soling 26
24159 Kiel
T. 0431 37 10 21
Informationen unter
www.kiel.de

4 Entdecken
Kiel

Ein Überbleibsel des natürlichen Schleswig-Holsteins

Frösche quaken, Gänse und Enten paddeln umher und in der Ferne sieht man einen Graureiher auf der Jagd durch den flachen Uferbereich waten.
Die seeartige Niederung der Schilkseer Au, südwestlich von Schilksee gelegen, ist ein letztes Rudiment des Schleswig-Holsteins, wie es vielleicht ausgesehen hat, bevor der Mensch mit der Urbanisierung, Trockenlegung und Abholzung der Landschaft begann. Natürlich zeigen sich hier überall die Auswirkungen des menschlichen Handelns und auch hier ist nichts mehr vollständig natürlich, aber die Ursprünglichkeit lässt sich noch erahnen. Die Gegend besaß schon früher eine gewisse Anziehungskraft, der berühmte Hamburger Klaus Störtebeker soll hier einen seiner Schlupfwinkel gehabt haben.
Ein schöner Rundwanderweg beginnt an der Grundschule Schilksee, führt über einen langen Steg, der die Schilkseer Au überspannt, und durch Buchenwälder bis zum etwas südlich befindlichen Gelände der Hans Kock Stiftung, die den Nachlass des Kieler Bildhauers verwaltet. Es ist eine herrliche Wanderung abseits des städtischen Trubels. Naturinteressierte sollten auf jeden Fall Fernglas und Kamera dabei haben, interessante Tiere und Insekten gibt es garantiert zu beobachten.

Wanderung durch die Niederung der Schilkseer Au
Schilkseer Str. 94
24159 Kiel

5 Erleben
Kiel

Klettern mit Fördeblick

Im Wald oberhalb des Falckensteiner Strandes kommt man hoch hinaus. Nach einer kurzen, aber wichtigen Sicherheits- und Benutzungseinweisung schnallt man sich den Klettergurt um, setzt den Schutzhelm auf und schon kann es losgehen. Zwischen den Bäumen sind insgesamt fünf verschiedene Parcours aufgebaut, die zusammengenommen über hundert Kletterelemente umfassen.
Angefangen mit einem leichten Kurs, der in einer Höhe von etwa fünf Metern aufgebaut ist und vor allem leichte Brücken und Hindernisse enthält, kann man

sich steigern und größere Höhen erklimmen, wobei die Elemente stetig schwerer zu überwinden und wackliger werden. Wer sich an den schwarzen Parcours heranwagt, sollte zweifelsohne vollständig schwindelfrei und erfahrener Kletterer sein. Gestartet wird dann in 13 Metern Höhe und während man die besonders schweren Hindernisse zu überwinden versucht, erklimmt man eine maximale Höhe von 25 Metern. Von hier oben, aber auch von den anderen Parcours aus, genießt man eine herrliche Aussicht auf die Kieler Förde.
Auch für Kinder gibt es einen speziellen, niedrigeren Rundkurs, die Kleinen kommen dann auf eine maximale Höhe von zwei Metern.

High Spirits Hochseilgarten
Falckensteiner Strand 15
24159 Kiel
T. 0431 31 04 947
www.highspirits-kiel.de
Mai bis September:
Mo-Fr 10–18.30 Uhr,
Sa, So u. feiertags 10–20 Uhr
Oktober bis April:
Sa u. So 10–18.30 Uhr

6 **Entdecken**
Kiel

Kiels wichtigstes Leuchtfeuer
Etlichen Sportseglern ist er bereits zum Verhängnis geworden. Der über 30 Meter aufragende, grün-weiße Leuchtturm Friedrichsort steht auf einer kleinen, weit in die Kieler Förde ragenden Halbinsel, wo diese ihre schmalste Stelle hat. Die Lage ist allerdings auch etwas tückisch, denn das Fahrwasser für die dicken Pötte beginnt bereits wenige Meter von der Leuchtturminsel entfernt. Um nicht den Frachtern mit dem langen Bremsweg in die Quere zu kommen, tummeln sich sämtliche Segler in dem schmalen Bereich zwischen Leuchtturm und grü-

ner Tonne. Dabei kann es schnell mal eng werden und wer der steilen Mauer rund um die Leuchtturminsel zu nahe kommt, dem fehlt ganz schnell die sprichwörtliche Handbreit Wasser unterm Kiel. Man erzählt sich, dass auch schon einige wenig ortskundige Segler versucht haben sollen, landseitig an dem Leuchtturm vorbeizufahren, mit vermutlich fatalen Folgen. Diese Geschichte mag allerdings auch aus dem Reich des Seemannsgarns stammen, sicher ist aber, dass der Leuchtturm und vor allem der sich nördlich anschließende Falckensteiner Strand zu den beliebtesten Orten der Kieler Landratten gehören. Die Halbinsel mit dem 1971 in Betrieb genommenen Leuchtfeuer und dem noch vorhandenen Fundament des Vorgängerbauwerks aus dem Jahr 1866 ist nicht nur bei den Anglern beliebt, sondern auch ein idealer Platz, um die vorbeifahrenden Schiffe zu beobachten.
Wer sich sattgesehen hat, kann sich an dem wenige hundert Meter entfernt gelegenen Restaurant und Café Deichperle stärken oder der Küste einige Minuten nach Norden folgen und sich am Falckensteiner Strand in die Fluten der Ostsee stürzen.

Leuchtturm Friedrichsort
Deichweg
24159 Kiel

7 Entdecken
Kiel

Die Weihnachts-Holzkirche
Kirchen, fast ganz aus Holz errichtet, kennt man für gewöhnlich nur aus dem hohen Norden, beispielsweise aus Schweden. Von der Kieler Innenstadt aus gesehen, steht die Bethlehem-Kirche ja auch im Norden, nämlich im Stadtteil Friedrichsort, wenige Fußminuten vom Anleger des Fördedampfers entfernt. Die hübsche, 1875 errichtete Kirche mit dem ungewöhnlichen Erscheinungsbild stellt ein beliebtes Fotomotiv dar. Verwaltet von einem gemeinnützigen Verein, werden nicht nur Gottesdienste abgehalten, sondern es wird auch Raum für kulturelle Veranstaltungen geboten.
Bethlehem-Kirche
Möhrkestraße 9
24159 Kiel
T. 0431 39 63 61
www.bethlehem-kirche.de

Entdecken
Kiel

Der kaiserliche Leuchtturm

Mit seinem roten Ziegelmauerwerk, den grauen Fugen und Simsen sowie dem kunstvollen Spitztürmchen und Balkon gilt der Leuchtturm Kiel-Holtenau vielen als eines der schönsten Leuchtfeuer der deutschen Ostsee. Doch nicht nur das Bauwerk selbst, sondern sicherlich auch die exklusive Lage auf einem Hügel oberhalb der Mündung des Nord-Ostsee-Kanals in die Kieler Förde mit Blick auf die Schleusenanlagen, das gegenüberliegende Ostufer und die in der Ferne erkennbare Innenstadt macht das Seezeichen zu etwas Besonderem.

Errichtet wurde der Leuchtturm 1895, noch im selben Jahr wurde die damals Kaiser-Wilhelm-Kanal genannte künstliche Wasserstraße dem Schiffsverkehr übergeben. Anlässlich seines hundertjährigen Jubiläums wurde der Leuchtturm umfassend saniert und restauriert. Die im Erdgeschoss befindliche „Drei-Kaiser-Halle“, benannt nach den drei während der Kanalbauzeit regierenden Kaisern, kann heutzutage als Trauzimmer gebucht werden. Aber Achtung: Der Ausdruck „Halle“ ist ein wenig übertrieben: Der Raum, der früher ausreichend Platz für drei Kaiser bot, kann nur von kleinen Hochzeitsgesellschaften mit bis zu 12 Personen besucht werden – inklusive Brautpaar, versteht sich.

Leuchtturm Holtenau
Tiessenkai
24159 Kiel
T. 0431 67 91 000

9 **Entdecken**
Kiel

Der Kiel Canal

Bereits die Wikinger wussten die lange und häufig gefährliche Schiffsfahrt durch das Skagerrak zu umgehen, wenn sie von der Ostsee in die Nordsee gelangen wollten oder in umgekehrter Richtung unterwegs waren. Sie nutzten die Schlei sowie den in die Nordsee mündenden Fluss Treene und verbanden diese beiden schiffbaren Gewässer durch eine 18 Kilometer lange Passage, auf der die Schiffe mithilfe von Ochsenkarren transportiert wurden. Später wurde der Eider-Kanal gebaut, der Vorläufer des Nord-Ostsee-Kanals (NOK). Etwa tausend Jahre nach den Wikingern, im Jahr 1895, wurde der nur wenige Kilometer südlich des „Wikingerkanals“ verlaufende Kaiser-Wilhelm-Kanal eröffnet, der die Kieler Förde mit der Nordsee bei Brunsbüttel verbindet. In diesem gigantischen Bauprojekt bewegten 9000 Arbeiter innerhalb von acht Jahren etwa 80 Millionen Kubikmeter Erdreich, was mehr als dem 30-fachen Volumen der bekannten ägyptischen Cheops-Pyramide entspricht.

Der heutige NOK wurde in den Anfangsjahren vor allem militärisch genutzt, stellt heute aber die nach Anzahl der Schiffe am meisten befahrene künstliche Wasserstraße der Welt dar, die international Kiel Canal genannt wird und die schleswig-holsteinische Landeshauptstadt in 98 Kilometern mit Brunsbüttel an der Elbe verbindet. Ein schöner Zeitvertreib am Kanal ist daher, dem regen Verkehr auf dem Wasser, bestehend aus großen Container- und Kreuzfahrtschiffen, Yachten, Fähren und kleinen privaten Booten zuzuschauen. Besonders geeignet sind dazu die Kieler Brücken, beispielsweise die geschichtsträchtige Levensauer Hochbrücke, die bereits ebenso alt ist wie der Kanal. Radler und Spaziergänger erfreuen sich an den nahezu höhenmeterfreien Wegen entlang des Kanalufers (Foto: zwischen Kiel und der Fähre Landwehr) und den zahlreichen Restaurants und Cafés, in denen man mit Blick auf den Kanal einkehren kann.

Nord-Ostsee-Kanal
Infos rund um den Kanal und die Region finden sich unter: www.nok-sh.de

10 Entdecken
Kiel

Den dicken Pötten ganz nah kommen
Aufgrund der Gezeiten in der Nordsee sowie den windabhängigen Wasserstandsänderungen in der Ostsee sind bereits seit Eröffnung des Nord-Ostsee-Kanals 1895 an den jeweiligen Kanalausfahrten in Kiel und Brunsbüttel Schleusenanlagen in Betrieb genommen worden.
Dank einer Aussichtsplattform am südlichen Ende der Kieler Schleusenanlage bei Holtenau lässt sich der Schleusungsvorgang hautnah miterleben. Von hier aus bietet sich ein direkter Blick auf die große Doppelschleuse mit einer Länge von 310 Metern und einer Breite von 42 Metern. Errichtet wurde diese Schleuse im Jahr 1914, da die nördlich der Insel gelegene, ursprünglich nur etwa halb so große Doppelschleuse für die stetig wachsenden Frachtschiffe zu klein wurde.
Nur wenige Meter von den Schiffen entfernt, lässt sich die etwa 45 Minuten dauernde Schleusung hautnah miterleben. Vom großen Kreuzfahrtschiff, über Containerfrachter bis hin

zu kleineren Segelyachten ist auf der meistbefahrensten, künstlichen Wasserstraße der Welt alles dabei. Hier besteht akute Fernwehgefahr, man kommt schnell ins Träumen und beginnt zu rätseln, was die Frachter wohl geladen haben. Vor allem wenn eine rote Flagge gehisst ist, denn das bedeutet: Achtung wir haben Gefahrgut geladen.

Wenn mal gerade kein Schiff in Sicht ist, kann man sich anhand diverser Infotafeln über die Geschichte des Kanals und Wissenswertes über die Seefahrt informieren. Und wer beim vielen Beobachten und Zugucken hungrig geworden ist, findet hier auch einen kleinen Imbiss.

Aussichtsplattform Schleuse Holtenau
Maklerstraße 1
24159 Kiel

11 Entdecken
Kiel

Antike Technik hautnah erleben

In unmittelbarer Nähe zu den Kieler Schleusen des Nord-Ostsee-Kanals werden jahrzehntealte Pferdestärken in den ehemaligen Gebäuden des Kieler Gaswerks zum Leben erweckt. Dröhnende U-Bootmotoren, pfeifende Lokomobile und wummernde Traktoren lassen sich an jedem dritten Sonntag im Monat in Betrieb erleben. Das Kieler Maschinenmuseum ist also eine Erlebnisausstellung. Die Kraft der Maschinen ist spürbar, ein schwacher Geruch nach Treibstoff hängt in der Luft und Ventile lassen zischend Dampf ab, all das findet man in einem gewöhnlichen Museum sicherlich nicht.

Das von einer Stiftung betriebene Museum hat zum Ziel, den Besuchern die Funktionsweise der heute weniger gebräuchlichen Maschinen und Motoren zu veranschaulichen, was natürlich am besten gelingt, wenn man diese in Betrieb erlebt. Daher sind alle aufwendig restaurierten Exponate voll funktionstüchtig. Und zu guter Letzt ist der Eintritt frei. Daher ist nicht nur für Technikbegeisterte ein Besuch des Museums Pflicht.

Maschinenmuseum Kiel-Wik
Am Kiel-Kanal 44
24106 Kiel
T. 0431 59 43 450
www.maschinenmuseum-kiel-wik.de
Mo–Fr 10–16 Uhr, jeden dritten So im Monat 11–17 Uhr u. nach Vereinbarung

12 Entdecken
Kiel

Zeitreise in die 1950er-Jahre

Heckflossenautos, Nierentische, Jukebox oder Toast Hawaii – wer die 1950er-Jahre selbst miterlebt hat, wird sich noch gut an diese Epoche erinnern, alle anderen werden bereits von dieser Phase des Wirtschaftswunders und der ungewöhnlichen und sonderbaren Ideen gehört haben. Grund genug einem der spannendsten Jahrzehnte des vergangenen Jahrhunderts ein eigenes Museum unweit der Kieler Kanalschleusen zu widmen.
Mit Blick fürs Detail wurden 15 unterschiedliche Situationen aus der Zeit vor über 60 Jahren mit einer Vielzahl an Originalgegenständen nachgestellt. Wer sich auf die Zeitreise einlässt, landet beispielsweise in einem Friseursalon von damals, der so täuschend echt wirkt, dass man sich fast hinsetzen kann und sich nur noch zwischen tiefem Seitenscheitel oder Haartolle entscheiden muss.
Weitere Highlights der Ausstellung sind der vollständig eingerichtete Kolonialwarenladen und die originalen Fahrzeuge.

50er Jahre Museum Kiel
Mecklenburger Straße 58
24106 Kiel
T. 0431 38 90 850
www.50er-jahre-museum-kiel.de
März: tgl. 10–18 Uhr
April bis Oktober: tgl. 10–19 Uhr
November bis Februar:
tgl. 10–16 Uhr

13 Entdecken
Kiel

Moderne Kunst in altem Lazarett

Früher wurden auf dem parkähnlichen Gelände in Kiel-Wik unweit der Kieler Förde kranke und verletzte Marineangehörige gepflegt und behandelt. Jahrzehntelanger Leerstand, zwischenzeitliche Nutzung durch die Uniklinik Kiel und fehlende Investitionen in nötige Renovierungsarbeiten haben ihre Spuren hinterlassen.
Im Jahr 2011 wurde begonnen, die Gebäude des weitläufigen ehemaligen Marine- und Garnisonlazarett stückweise zu renovieren. Die ursprünglich rund 20 Gebäude wurden teilweise abgerissen und an ihrer Stelle Miets-

wohnungen in modernem Stil errichtet. Die ehemalige Großküche und die Waschanstalt sind heute Ausstellungsräume für Kunstprojekte, ebenso das ehemalige Kesselhaus, das früher das gesamte Areal mit Fernwärme versorgte. Im sogenannten Haus 8 wurde ein Atelier für Künstler eingerichtet, in dem wechselnde Ausstellungen zu sehen sind. Getragen wird das Projekt von der Atelierhaus-Gesellschaft, zu der u. a. auch die Kieler Muthesius-Kunsthochschule gehört. In der alten Leichenhalle soll übrigens ein Café eingerichtet werden.

Atelierhaus im Anscharpark
Heiligendammer Straße 15
24106 Kiel
T. 0431 30 03 40 27
www.atelierhaus-im-anscharpark.de

14 **Entdecken**
Kiel

Stiller Zeuge des Zweiten Weltkriegs

Am nördlichen Ende der Kiellinie, einige Fußminuten außerhalb des Stadtzentrums, steht der Flandernbunker, eines der wenigen baulichen Überbleibsel in Kiel aus dem Zweiten Weltkrieg. Langjähriger Leerstand und die Spuren der vergangenen Jahrzehnte sind bereits von außen deutlich sichtbar an den Rostflecken und großflächigen Betonausblühungen. Doch die über zwei Meter dicken Betonmauern und die über drei Meter dicken Decken haben dem Zahn der Zeit erfolgreich getrotzt. Seit 2001 wird der Bunker von dem Verein Mahnmal Kilian e.V. restauriert und als Museum, Mahnmal und Bildungsstätte ausgebaut.

Eine umfangreiche Ausstellung erzählt die Geschichte des Bunkers und bringt dem Besucher, befördert durch die beklemmende Atmosphäre, die Zeiten des Zweiten Weltkriegs näher.

In dem dreigeschossigen Bauwerk wurden außerdem Seminar- und Vortragsräume eingerichtet, die für Diskussionsveranstaltungen, Lesungen oder auch Theatervorführungen genutzt werden.

Vor dem Besuch sollte man sich auf jeden Fall über die etwas eingeschränkten Öffnungszeiten informieren.

Flandernbunker
Kiellinie 249
24106 Kiel
T. 0431 26 06 309
www.mahnmahlkilian.de/flandernbunker
Mo–Fr 11–15 Uhr, So 11–17 Uhr

15 Entdecken
Kiel

Kiels treues Segelschiff, Deutschlands Finanzskandal

Die Wanten knarzen, während die Masten leicht im Wind hin und her schaukeln. Wellen schlagen gegen den Bug, an Deck herrscht eifriges Treiben. Vermutlich wird gerade eine längere Seereise vorbereitet. Man gerät ins Träumen, wo es wohl hingehen mag: Südamerika, Neuseeland, Asien … Das Segelschulschiff *Gorch Fock* der deutschen Marine hat seit seinem Stapellauf 1958 bereits sämtliche Kontinente besucht und dabei unzählige Seemeilen zurückgelegt. Vor allem in den Zeiten der hochgerüsteten Motorschiffe ist es ein beeindruckender und erhabener Anblick, wenn die *Gorch Fock* in ihrem Heimathafen an der Tirpitzmole vertäut liegt. Ein Anblick, der sich leider seit Dezember 2015 nicht mehr geboten hat. Bei Routineuntersuchungen wurden Schäden an den Masten festgestellt, in einer Bremerhavener Werft wurden anschließend immer mehr gravierende Mängel erkennbar, Finanzskandale und Kostenexplosionen brachten die *Gorch Fock* in den letzten Monaten immer wieder in die Schlagzeilen.
Eine Fertigstellung der Sanierungen ist noch lange nicht in Sicht. Bleibt nur zu hoffen, dass das fast 90 Meter lange Segelschiff mit dem bis zu 45 Meter hohen Masten eines Tages wieder den Kieler Heimathafen anläuft, an der Tirpitzmole festmacht und auch an der Windjammer-Parade der Kieler Woche wieder teilnehmen kann. Bis dahin bietet eine Infotafel unweit der Mole wichtige Fakten des Kieler Sympathieträgers.

Gorch Fock, Heimathafen-Liegeplatz
Tirpitzmole
24106 Kiel
www.gorchfock.de

16 Erleben
Kiel

Hexenkessel-Stimmung beim THW in der Sparkassen-Arena Kiel

Neben dem Segeln gibt es in Kiel noch weitere Sportarten, in denen die Stadt mitmischt. Besonders bekannt ist der Handball, bei dem der Turnverein Hasse-Winterbek e. V. von 1904, besser bekannt unter dem Kürzel THW Kiel, ganz oben in der deutschen und internationalen Handballszene unterwegs ist. Was die Bayern im deutschen Fußball sind, gilt für die Kieler im Handball, nämlich der Rekordmeister zu sein. Neben dem 20-maligen Gewinn der Deutschen Meisterschaft und dem zweimaligen Gewinn der Feldhandballmeisterschaft kommen zahlreiche weitere nationale und internationale Titel hinzu. Die unbeschreibliche Stimmung in der Ostseehalle bei einem Heimspiel des THW (auch als Zebras bezeichnet) sollte man doch einmal versuchen mitzuerleben – sofern man es schafft, Karten zu ergattern.

THW Kiel
www.thw-handball.de

17 Erleben
Kiel

Der neue Aufstieg des Fußballs in Kiel

Der Fußball stand lange Zeit im Schatten des Handballs in Kiel, aber inzwischen sind die Störche von Holstein Kiel, wie sie im Volksmund heißen, aufgerückt und bestimmen zusammen mit dem THW Kiel die sportlichen Schlagzeilen der Regionalpresse. Die größte Zeit hatte der 1900 gegründete Fußballverein im ersten Drittel des letzten Jahrhunderts. Da spielte Holstein Kiel oft ganz oben mit und gewann 1912 die Deutsche Meisterschaft und die Vizemeisterschaft 1910 und 1930. Der erneute, aktuelle Aufschwung erfolgte mit dem Aufstieg in die 2. Bundesliga zur Saison 2017/18, dem fast der Durchmarsch in die 1. Bundesliga gefolgt wäre. Einem Heimspiel der Störche kann man im derzeit 10 700 Zuschauer fassenden Holstein-Stadion beiwohnen. Das ist allerdings für eine Teilnahme in der 1. Bundesliga, was das Zuschauer-Fassungsvermögen angeht, auch wohl recht knapp bemessen.

Holstein Kiel
www.kolstein-kiel.de

18 Genießen
Kiel

Ein guter Start in den Tag – Frühstück in Kiel

Wer den Tag in Kiel mit einem guten Frühstück starten möchte, hat dazu viele Möglichkeiten. Vom belegten Brötchen mit einer Tasse Kaffee bis zum vollwertigen Menü-Programm, das für den Rest des Tages sättigt, ist alles vertreten. Im Internet gibt es die Übersicht und einige der Lokalitäten finden bei den Tipps gesonderte Erwähnung. Sie können sich Ihre Anfrage auch nach unterschiedlichen Kriterien anzeigen lassen: am Wasser gelegen, barrierefrei, draußen gelegen, für Familien, laktosefrei, vegan und für alle, die es nicht lassen können, mit WLAN. Da kann man nur Guten Appetit wünschen und einen wundervollen und genussvollen Start in den Tag.

Frühstück in Kiel
www.fruehstuecken-in-kiel.de

19 Erleben
Kiel

Mal was anderes als Strand – Besuch der Seebadeanstalt

Wem es am Strand zu sandig ist, wer ein Sprungbrett benötigt oder gern die Bar gleich dabei hat, geht in der Seebadeanstalt

Düsternbrook, direkt an der Kiellinie gelegen, in der Kieler Förde baden. Da gibt es 60-Meter-Bahnen, ein Sprungbrett, einen Nichtschwimmerbereich sowie Sonnenliegen. Und die Seebar Düsternbrook befindet sich gleich nebenan. Neben der Seebadeanstalt in Düsternbrook gibt es auch noch eine in Holtenau, nicht weit vom gleichnamigen Leuchtturm entfernt, und eine auf der Ostseite der Förde in Heikendorf.

Seebad Düsternbrook
Kiellinie 130
24106 Kiel
T. 0431 185
www.seebad-duesternbrook.com
www.seebad-holtenau.de
www.seebadeanstalt.de
Mai bis September:
tgl. 10–19 Uhr

20 Entdecken
Kiel

Schön an der Förde gelegen – die Kunsthalle zu Kiel

Kunst in seinen vielen Facetten gibt es in der 1908 eingeweihten Kieler Kunsthalle zu sehen. Die Malerei spielt eine große Rolle im Bestand. Werke seit dem späten 18. Jahrhundert bis in die heutige Zeit sind vertreten. Mit ihren 40 000 grafischen Kunstwerken weist der Kieler Bestand einen der größten in ganz Deutschland auf. Es beginnt mit Werken aus dem frühen 16. Jahrhundert und geht bis zur Gegenwart. Skulpturen, Fotografie- und Video-Kunst umfassen weitere Sammlungen und Ausstellungen. Bedeutend ist auch die Bibliothek mit 55 000 Bänden. Wechselnde Ausstellungen, Führungen, ein Studiensaal zum intensiven Studium von Kunstwerken, Veranstaltungen und museumspädagogische Angebote komplettieren das reichhaltige kulturelle Programm der Kunsthalle. Im Erdgeschoss befindet sich die Antikensammlung des Archäologischen Instituts der CAU.

Kunsthalle zu Kiel
Christian-Albrechts-Universität (CAU)
Düsternbrooker Weg 1
24105 Kiel
T. 0431 88 05 756
www.kunsthalle-kiel.de
www.museen-am-meer.de
www.antikensammlung-kiel.de
Di–So 10–18 Uhr, Mi 10–20 Uhr

21 Erleben
Kiel

Und was machen wir heute Abend?

Kulturprogramme und Veranstaltungen gibt es in einer Stadt wie Kiel natürlich reichlich. Veranstaltungen in Museen, Theatern, Schulen, Kirchen und Kinos gehören dazu, aber es gibt wie das Kulturforum der Stadt eine Reihe etablierter Kultur- und Veranstaltungseinrichtungen, die ein umfängliches Programm bieten, in dem man schnell mal schauen kann, ob etwas Passendes dabei ist, wenn man den Abend noch nichts vorhat. Da ist zum Beispiel das Multikulturelle

Zentrum TraumGmbH mit Disco, Partys, Restaurant und Kino oder das Literaturhaus Schleswig-Holstein im Schwanenweg mit Buchvorstellungen und Autorenlesungen. Im Stadtteil Mettenhof finden wir den Kulturhof Akkerboom in einem denkmalgeschützen Hof von 1797/98, wo Märkte, Veranstaltungen und Workshops stattfinden. Das hansa48 in der gleichnamigen Straße bietet neben Musik, Theater und Kino auch eine Kneipe und eine Fahrradselbsthilfewerkstatt. Ebenso gibt es im denkmalgeschützten Kultur- und Kommunikationszentrum Die Pumpe, in der Räucherei und im Kulturladen Leuchtturm Friedrichsort ein buntes Programm an Musik, Partys und Veranstaltungen.

Veranstaltungszentren in Kiel
www.traumgmbh.de
www.literaturhaus-sh.de
www.hof-akkerboom.de
www.hansa48.de
www.diepumpe.de
www.raeucherei.org
www.kulturladen-leuchtturm.info

22 **Erleben**
Kiel

Alter Baumbestand und herrlicher Ausblick im Alten Botanischen Garten

Der Botanische Garten der Christian-Albrechts-Universität (CAU) ist fast so alt wie die Universität selbst, die im Jahr 1665 gegründet wurde. Der Garten wurde vier Jahre später durch den Medizin- und Botanikprofessor Johann Daniel Major gegründet und kann im Jahr 2019 sein 350-jähriges Jubiläum feiern. Im Laufe der Jahrhunderte residierte der Botanische Garten an fünf unterschiedlichen Standorten. Neben dem heutigen ist auch noch der Standort des letzten Gartenareals vorhanden und wird als Alter Botanischer Garten bezeichnet. Es ist eine kleine 2,5 Hektar große grüne Oase in der Stadt nahe der Kieler Förde. Ein Verein kümmert sich um den Erhalt und die Pflege des im Jahr 1825 angelegten Areals, das von 1878 bis 1884 als vierter Standort des Botanischen Gartens (bis 1985) entwickelt wurde. Machen Sie einen kleinen Spaziergang durch das park- und waldähnliche Gelände mit Küstenmammutbaum, Kaukasischer Flügelnuss, Gingko, Trompetenbaum und anderen Gehölz- und Pflanzenraritäten. Schön ist auch der Ausblick vom 1891 errichteten Pavillon mit seiner Kuppel und der schmiedeeisernen Krone.

Alter Botanischer Garten
Schwanenweg 14
24105 Kiel
T. 0431 56 82 86
www.alter-botanischer-garten-kiel.de
schließt um 19 Uhr

23 Entdecken
Kiel

Schönheit, Vielfalt und Besonderheit der Pflanzenwelt der Erde

Eigentlich brauchen Sie nicht durch die Welt reisen, um die Vielfalt der Pflanzenwelt der Erde kennenzulernen. Im Botanischen Garten der Universität Kiel haben Sie eine wundervolle Auswahl an 14 000 Pflanzenarten auf einer Fläche von acht Hektar. Über 30 Jahre befindet sich der Botanische Garten am aktuellen Standort und zeigt im Freiland die Pflanzenwelt Amerikas, Europas und Asiens, das System der Pflanzen, die Hochgebirgspflanzen aus den Gebirgen der Welt (Alpinum), einen Arzneipflanzengarten und eine Abteilung zur Ökologie der Pflanzen. In den Glashäusern erleben wir die Pflanzen der warmen Regionen der Erde aus den Aridgebieten Asiens und Afrikas aus den tropischen Regenwäldern, den Subtropen, den Nebelwäldern und den mediterranen Gebieten. Im Victoriahaus warten auf uns die tropischen Feucht- und Wasserpflanzen, zu denen neben Riesenseerosen (Victoria), Lotuspflanzen und Mangroven auch Kulturpflanzen wie Reis, Zuckerrohr und Papyrus gehören. Der Besuch des Botanischen Gartens gehört für botanisch, naturkundlich und gärtnerisch interessierte Besucher zum unbedingten Pflichtprogramm.

Botanischer Garten Kiel
Am Botanischen Garten 1–9
24118 Kiel
T. 0431 88 04 276
www.botanischer-garten.uni-kiel.de
Garten:
Februar: tgl. 9–16 Uhr
April bis September:
tgl. 9–18 Uhr
März u. Oktober: tgl. 9–17 Uhr
November bis Januar:
tgl. 9–15 Uhr
Schaugewächshäuser:
Februar: tgl. 9.30–15.30 Uhr
April bis September:
tgl. 9.30–17.30 Uhr
März u. Oktober:
tgl. 9.30–16.30 Uhr
November bis Januar:
tgl. 9.30–14.45 Uhr

24 Erleben
Kiel

Zurück in die frühe Geschichte Schleswig-Holsteins

Die Entstehungsgeschichte und Geologie Schleswig-Holsteins finden wir eindrucksvoll dargestellt im bereits seit 1970 bestehenden Geologischen und Mineralogischen Museum auf dem Gelände der Universität. Im denkmalgeschützten Gebäude wird in einer interessanten Lehr- und Schausammlung die ganze Vielfalt der Fossilien, Gesteine, Mineralien und Kristalle präsentiert. Interessant sind die ausgestellten Fossilien. Es gibt eine Fischechse, Seelilien und Fossilien noch lebender Verwandter wie Quastenflosser und Nautilus, sogenannter lebender Fossilien, und man kann auch Insekten-Einschlüsse im Bernstein bewundern. Neben den wechselnden Sonderausstellungen lassen sich im Garten vorm Institut große, eiszeitliche Geschiebe aus Skandinavien besichtigen.

Geologisches und Mineralogisches Museum
Ludewig-Meyn-Straße 12
24118 Kiel
T. 0431 88 02 693
www.ifg.uni-kiel.de/35.html
Mo–Do 8.30–16 Uhr,
Fr 8.30–14 Uhr

25 Erleben
Kiel

Brunch mit Film

Nach einem reichhaltigen Frühstück vom Tisch aufstehen und innerhalb weniger Schritte im gemütlichen Kinosessel Platz nehmen, um dem Geschehen auf der Leinwand zu folgen. Gelegenheit dazu hat man am Wochenende im Metro Lichtspielhaus im Rahmen des Frühstückskinos.
Das älteste Kino Kiels besteht bereits seit 1939. Im Krieg zerstört, wurde es anschließend aufgebaut und mit Unterbrechungen bis 1996 betrieben. Dann war Schluss, am Bahnhof hatte eine große Kinokette einen riesigen Bau mit unzähligen Sälen eröffnet.
2006 erfolgte dann die Wiedereröffnung des frisch renovierten Kieler Traditionskinos. Drei Säle, der größte bietet Platz für über 400 Besucher, werden für die Filmvorführungen genutzt. Gezeigt werden gerne auch Filme abseits des Mainstreams, ergänzt wird das Programm durch Lesungen, Kabaretts und Comedy-Vorführungen. Besonders ist auch das „Café Centro", ein Café im Foyer des Kinos. Vor oder nach dem Film Kaffespezialitäten, Kuchen, Weine und Cocktails genießen, ist hier kein Problem. Das Gesamtkonzept garantiert eine entspannte, gemütliche Atmosphäre, die vielen der großen und modernen Kinos leider fehlt.

metro-Kino im Schloßhof
Holtenauer Straße 162–170
24105 Kiel
T. 0431 22 07 890
www.metrokino-kiel.de

26 Genießen
Kiel

Ponton-Café mit Karibik-Flair

Deutschlands erste und bisher einzige vollständig schwimmende Strandbar bietet mit ihrem über 80 Tonnen schweren Sandstrand und Palmen mitten in der Kieler Förde echte Urlaubsgefühle.
Alkoholische und nicht-alkoholische Getränke, Heißgetränke, Kuchen, Snacks und kleinere Speisen bekommt man nach dem Self-Service-Prinzip an der Bar. Anschließend heißt es: Schuhe ausziehen und schnell einen der begehrten Plätze in den Liegestühlen direkt am Wasser mit Blick auf die Förde ergattern.
Die Atmosphäre ist, wie es neudeutsch heißt, extrem gechillt, der Ausblick mit Wasser in sämtlichen Himmelsrichtungen unschlagbar. Ein toller Ort, um am Wochenende bei Sonnenschein Kaffee und Kuchen oder unter der Woche ein Feierabendbier oder Cocktails zu genießen.

Jberzeugend ist auch die Ein-
ichtung mit viel Liebe fürs De-
ail. Ein besonderer Hingucker ist
las Gemüsebeet mit den fri-
chen Gewürzen für die Cock-
ails.

andhafen
3lücherbrücke
24105 Kiel
www.cafe-kiel.de/sandhafen
gl. ab 12 Uhr

27 Genießen
Kiel

isch von der Bar

Die Fischbar ist eine der vielen
neuen Locations in Kiel in der
man besonders hip und cool
eine Speisen genießen kann.
Aber die Fischgerichte, vor allem
die Fish & Chips sind wirklich
sehr lecker.

ischbar Deli
Dreiecksplatz 10
24105 Kiel
Mo–Sa 11–14 Uhr

28 Entdecken
Kiel

n Gedenken an den Matrosenaufstand

Massive, rostige Stahlelemente wachsen scheinbar aus dem Boden mehrere Meter in den Himmel und sind an der Spitze von steinernen Säulen durchstoßen. Das „Denkmal Wik" wurde 1982 im Ratsdienergarten nördlich der Kieler Altstadt errichtet. Die

wuchtigen Elemente, geschaffen von dem Hannoveraner Bildhauer Hans-Jürgen Breuste, sollen an die Matrosenaufstände, die in den Jahren 1917 und 1918 unter anderem und vor allem auch in Kiel erfolgten, erinnern. Bezug zu diesen Ereignissen nimmt das Kunstwerk über eine Tafel, auf der ein Zitat aus dem Schauspiel „Feuer aus den Kesseln", geschrieben von dem Schriftsteller Ernst Toller, eingraviert ist. Das Buch erzählt die Geschichte zweier Matrosen, die 1917 nach Protesten für bessere Behandlung in der Marine in Köln hingerichtet wurden.

Ob man nun kunstaffin ist oder nicht, das Denkmal erinnert an ein wichtiges Kapitel der Stadtgeschichte. Abgesehen davon ist der kleine Park ein herrlicher, ruhiger Ort zum Verweilen. Der zur Förde hin gelegene Teil des Bahnhofsvorplatzes wurde vor einiger Zeit in „Platz der Matrosen" umbenannt, um an die Ereignisse vor über hundert Jahren zu erinnern. Dort finden sich allerdings keinerlei Hinweise auf dieses wichtige Datum. Die Entscheidung zur Umbenennung des Platzes wurde mit hitzigen Diskussionen begleitet.

Denkmal Wik
Jensendamm 7
24103 Kiel
Informationen unter
www.kiel.de

29 Genießen
Kiel

New York City Burger in Kiel erleben

Von außen sieht „John's Burgers" reichlich unspektakulär aus. Lediglich ein Schild mit dem Logo sowie ein bunt bemalter Stromkasten mit – natürlich – einem New York-Motiv weisen auf den, so ist man sich in Kiel einig, mit Abstand besten Burgerladen der Stadt hin. Der Besitzer und Gründer John ist New Yorker und hat sich als leidenschaftlicher Burgergriller seinen Lebenstraum erfüllt.

Begrüßt wird man in der Regel auf Englisch, bestellt wird am Tresen durch Ankreuzen auf der Speisekarte. Die Einrichtung wirkt etwas zusammengewürfelt, trägt aber zur authentischen Atmosphäre bei.

Aber das Wichtigste sind natürlich die Burger: Optisch eher einfach gehalten, können sie geschmacklich auf ganzer Linie überzeugen. Dazu tragen wohl auch besonders die regionalen und täglich frisch bereiteten Zutaten bei: Das Fleisch kommt ebenso wie der Käse aus dem wenige Kilometer nordwestlich gelegenen Holtsee und ein spezieller Burger wird mit dem Fleisch von Angus Rindern, die auf den Wiesen der Hüttener Berge aufgewachsen sind, zubereitet. Das Fleisch wird in der Regel leicht medium angebraten, wer das nicht mag, sollte dies bei der Bestellung anmerken. Das Burgerbrot kommt aus der in Kiel allseits bekannten Bäckerei Lyck.

John's Burgers
Gutenbergstraße 16
24118 Kiel
www.johnsburgers.de
Di–Do 12–22 Uhr,
Fr u. Sa 12–23 Uhr, So 12–22 Uhr

30 Genießen
Kiel

La Pâtisserie Francaise – die französische Bäckerei

Je nach Windrichtung und -stärke ist es ein Leichtes, dieses kulinarische Kieler Highlight zu finden. Man folge einfach dem verführerischen Geruch frisch gebackener Croissants. Bei Restez werden diese mit reichlich Butter aus der Region Poitou-Charentes unweit der französischen Atlantikküste gebacken. Wer schon einmal „echte" Croissants aus Frankreich gekostet hat, wird sich nur noch schwerlich mit dem Pendant der deutschen Bäcker anfreunden. Die Croissants von Bäckermeister Kai Lyck, der neben dem französischen Schlaraffenland einige weitere Bäckereien in Kiel (die ebenfalls sehr empfehlenswert sind!) unter seinem Nachnamen betreibt, sind eine überraschende Ausnahme und reichen geschmacklich ohne weiteres an die Originale heran.

Die herrlichen Croissants sind allerdings nur der Anfang, auch die Baguettes, diverse Brote, saftige Clafoutis, kunstvoll angerichtete Mignardises sowie diverse herzhafte Leckereien erwarten den Besucher. Unsere Tipps: ein klassisches Pain au chocolat, die auf der Zunge zergehenden Macarons sowie der leicht salzig-süße Kouign-amann.

Die kürzlich eröffnete zweite Filiale, eine Art Bistro in der Koldingstraße, ist deutlich größer, sodass nun mehr Besucher gleichzeitig dem Imperativ Restez! (Bleiben Sie!) folgen können.

Restez! Boulangerie artisanale

Sternstraße 18
24116 Kiel
T. 0431 66 68 305
www.restez.de
Mo–Fr 7–19 Uhr, Sa 7–16 Uhr,
So 8–14 Uhr

31 Entdecken
Kiel

Kiels Gründungsort

Entstehungsgeschichtlich gesehen, ist das Kieler Kloster einer der wichtigsten Orte in Kiel. Im Jahr 1242 wurde an dieser Stelle die Stadt gegründet und, zentral auf der Altstadthalbinsel gelegen, ein Franziskanerkloster errichtet. Auch die Kieler Universität, gegründet 1665, hat hier ihren Ursprung und etliche Jahrzehnte lang auch ihren Sitz gehabt.
Im 18. Jahrhundert wurden große Teile des Klosters abgerissen und umgebaut, die Zerstörung im Zuge des Zweiten Weltkriegs trug schließlich ihr Übriges dazu bei, dass heute nur noch der Glockenturm, das Refektorium und ein Kreuzgang erhalten sind. Eine winzige Parkanlage am Kirchturm ist ein herrlicher Ort der Ruhe, wo man inmitten des städtischen Trubels etwas Stille genießen kann. Die noch erhaltenen baulichen Reste des Klosters wurden in den vergangenen Jahrzehnten restauriert und werden nun für Veranstaltungen und Konzerte genutzt.

Kieler Kloster
Falckstraße 9
24103 Kiel
www.kielerkloster.de

Etwas wilder hingegen geht es in der nur wenige Schritte entfernt gelegenen Klosterbrauerei zu, wo man hausgebraute Bierspezialitäten, deftiges Essen und wilde Musik serviert bekommt.

Kieler Brauerei am Markt
Alter Markt 9
24103 Kiel
T. 0431 906290
www.kieler-brauerei.de
Mo–Do 10–23 Uhr,
Fr u. Sa 10–1 Uhr,
So 10–22.30 Uhr

32 Entdecken
Kiel

Umstrittene Kunst vor Kiels ältestem Gebäude

Angeblich soll der Sieg des Geistes über das Böse dargestellt sein, aber wie es mit Kunst häufig der Fall ist, bietet auch die von den Kielern „Geistkämpfer" getaufte Skulptur des deutschen Bildhauers Ernst Barlach reichlich Raum für Interpretationen. Ob man sie nun schön, interessant oder sogar langweilig findet, ein wichtiges Stück Kieler Stadtgeschichte ist die Statue allemal. Aufgrund der Ablehnung unter der Bevölkerung quasi in einer Nacht- und Nebelaktion heimlich aufgestellt, wurde die Plastik 1937 von den Nationalsozialisten entfernt und gelangte erst 1954 zurück an ihren ursprünglich Standort vor der Kirche St. Nikolai am Alten Markt in der Kieler Altstadt.

Die Kirche selbst wurde um 1242 unmittelbar nach der Stadtgründung als gotischer Hallenbau errichtet. Im Laufe der Jahrhunderte entsprechend der aktuellen Mode mehrfach umgestaltet, hinterließ der Zweite Weltkrieg schwere Schäden, die ab 1950 behoben wurden, wobei die alte Bausubstanz zum Großteil verloren ging.

Besonders sehenswert sind im Inneren der Kirche der pompöse Flügelaltar, das reich verzierte Taufbecken und das Coventry-Kreuz.

Die wechselvolle und bewegte Geschichte haben die sehenswerte Kirche und ihre Skulptur zu einem der Kieler Wahrzeichen gemacht.

St. Nikolai
Alter Markt
24103 Kiel
www.st-nikolai-kiel.de

33 Entdecken Kiel

Lernen Sie die maritime Vergangenheit Kiels kennen

Wie es sich für ein Schifffahrtsmuseum gehört, liegt auch das in Kiel direkt am Meer. Die Ausstellung in der eindrucksvollen, an der Kieler Förde am Seegarten gelegenen, ehemaligen Fischhalle von 1910 lässt einen tief in die maritime Geschichte der Stadt eintauchen. Das Museum gibt Einblicke in die Entwicklung Kiels als Handels- und Hafenstadt, als Werft- und Marinestandort sowie als Stadt des Segelsports und neuerdings auch der Kreuzfahrtschiffe. Weitere Themen sind Fischerei, Nord-Ostsee-Kanal, Schiffsmodelle und Marinemalerei. Der Museumsbrücke sollte man auch einen Besuch abstatten. Dort liegen zur Besichtigung das Feuerlöschboot *Kiel*, das Seenotrettungsboot *Hindenburg* und der Tonnenleger *Bussard*, der 1905/06 auf der Papenburger Meyerwerft gebaut wurde.

Schifffahrtsmuseum
Wall 65
24103 Kiel
T. 0431 901 34 28
Di–Mi u. Fr–So 10–18 Uhr,
Do 10–20 Uhr

34 Erleben
Kiel

Segeln wie zu Zeiten der Hanse

Wenn Sie auf die Kieler Förde blicken und eine traditionelle Hansekogge segelt plötzlich vorbei, haben Sie es nicht an den Augen, sondern es handelt sich um die Kieler *Hansekogge*. Dies ist der originale Nachbau einer in der Wesermündung gefundenen Kogge, die auf das Jahr 1380 datiert wird. 1991 wurde der Nachbau fertiggestellt, und Eigner und Betreiber des Schiffs ist ein Förderverein, der auch Mitfahrten anbietet, die über mehrere Tage oder auch als Tagesfahrten möglich sind. Da können Sie mal ein richtiges Stück mittelalterliche Seefahrt erleben.

Die Kieler Hansekogge
Klosterweg 18
24146 Kiel
T. 0431 21 90 250
www.hansekogge.de

35 Erleben
Kiel

Wechselnde Ausstellungsschwerpunkte zur Kieler Stadtgeschichte

Leider wurde Kiel als Werft- und Marinestadt im Zweiten Weltkrieg sehr stark zerstört und viel alte Bausubstanz ist verloren gegangen. Der Warleberger Hof, das heutige Stadtmuseum, ist das letzte erhaltene Adelspalais der Stadt aus dem frühen 17. Jahrhundert und der einzige erhaltene Privatbau aus der Zeit vor 1864. Der Schwerpunkt des Museums liegt in den regelmäßig wechselnden Ausstellungen zur Kieler Stadt-, Kunst- und Kulturgeschichte im 19. und 20. Jahrhundert, die jeweils aus der umfänglichen Sammlung des Hauses zusammengestellt werden. Die Dauerausstellung zur älteren Geschichte befindet sich im historischen Gewölbekeller und zeigt u. a. ein Diorama des Stadtbildes im 18. Jahrhundert, Giebelseiten von Kieler Renaissancehäusern sowie Fayencen und Silberschätze aus dem 18. Jahrhundert.

Stadtmuseum Warleberger Hof
Dänische Straße 19
24103 Kiel
T. 0431 90 13 425
Di–Mi u. Fr–So 10–18 Uhr,
Do 10–20 Uhr

36 Entdecken
Kiel

Der Arzt- oder Apotheken-Besuch früherer Jahrhunderte

Bei manchen medizinisch-chirurgischen und zahnmedizinischen Geräten wie Knochensägen, Zangen und Scheren aus früheren Jahrhunderten und den damaligen Narkosemöglichkeiten schätzt man sich doch glücklich, in der heutigen Zeit zu leben. Interessant ist der Einblick in die Geschichte der Medizin und der Apotheken, den das Museum bietet, allemal. Die historische Apotheke von 1894 aus Schiffbeck und die Material- und Giftkammer der St. Jacobi-Apotheke zu Lübeck geben Einblick in die Kundenräumlichkeiten und Arbeitsräume früherer Apotheker. Zahlreiche Instrumente, Untersuchungsstühle, Röntgen- und andere Geräte sowie Präparate-Sammlungen sind zu besichtigen. Etwas gruselig ist die Sammlung krankhaft veränderter Organe aus der Pathologie des Universitätsklinikums.

Medizin- und Pharmaziehistorische Sammlung der Universität Kiel
Brunswiker Straße 2
24105 Kiel
T. 0431 88 05 721
www.med-hist.uni-kiel.de
Di–Fr 10–16 Uhr, So 12–16 Uhr

37 Erleben
Kiel

Tiere aus aller Welt – des Landes, des Wassers und der Luft

Schon das Gebäude des Zoologischen Museums ist eindrucksvoll. Der 1881 eröffnete Bau gilt heute als eines der wenigen außen wie innen weitgehend original erhaltenen Grobius-Bauten. Im Innern geht das Staunen weiter: Die Ausstellung „Wale in Schleswig-Holstein" zeigt mit 14 Walskelett-Präparaten die artenreichste Walschau in Deutschland. Die Tiefsee-Ausstellung zeigt einen der geheimnisvollsten und noch wenig bekannten Lebensräume dieser Erde und ihre mitunter äußerst bizarren Organismen. Der „Ozean der Zukunft" präsentiert in Zusammenarbeit mit den Kieler Meereswissenschaften aktuelle Forschungsthemen wie Klimawandel, Ozeanversauerung, Überfischung und andere. Weitere Ausstellungsthemen sind: „Ökologie der Schmetterlinge", „Ostsee – Meer im Wandel", das „System der Tiere", „Europäische Vögel", „Meeres-Expeditionen" usw. Da dürfte für jeden etwas dabei sein. Für alle, die sich für die heimische Tierwelt und die der Erde, für die Meere und ihre Erforschung sowie für ihren Schutz interessieren, ist diese zoologische Ausstellung ein absolutes Muss.

Zoologisches Museum Kiel
Hegewischstraße 2
24105 Kiel
T. 0431 88 05 170
www.zoologisches-museum.uni-kiel.de
Di–Fr 9–17 Uhr, Sa 10–17 Uhr, So u. feiertags 12–16 Uhr

38 Genießen
Kiel

Bier aus dem Coca-Cola-Werk

Während man am Tresen ein kühles Bier genießt, schweift der Blick über die Produktionsstätte des Gerstensaftes. Tausende Liter umfassende Gärtanks, armdicke Rohre und unzählige Fässer und Kisten sind zu sehen. Es scheint eine laborartige Reinheit zu herrschen. Die erst vor wenigen Monaten in einem ehemaligen Coca-Cola-Werk eingerichtete Produktionsstätte der Kieler Brauerei „Lillebräu" bietet einen Schankraum, von dem aus man einen guten Ausblick auf die Produktion hat. Das Start-Up-Unternehmen, von zwei Norddeutschen gegründet, hat bisher drei Biersorten im Angebot, neben Pils und Lager auch ein Pale Ale. Das Angebot soll bald um ein helles Bier, ein Weizen und ein Stout verdoppelt werden, ergänzt durch monatliche Spezialbiere und Experimente.
Wer sich tiefergehend als bis zum Boden des Bierglases für die alkoholischen Getränke interessiert, kann an den regelmäßig stattfindenden Brauereiführungen oder sogar an einem der Braukurse teilnehmen.

Lille Brauerei & Schankraum
Eichkamp 9c
24116 Kiel
T. 0431 90 88 97 84
www.lillebraeu.de
Do–Sa ab 17 Uhr

39 Genießen
Kiel

Weltklasse Kaffee in außergewöhnlichem Ambiente

Zwei Dinge fallen dem Besucher auf, sobald er das Café Resonanz betritt. Zum einen wäre da der herrliche Geruch nach frisch gemahlenem Kaffee, frischen Broten, Keksen und Kuchen. Sobald man ein paar Schritte in das meist gut besuchte Café hinein gemacht hat, fällt einem zum anderen die ungewöhnliche Inneneinrichtung auf. Die Decke beispielsweise ist dicht an dicht mit bunten, alten Holztüren verkleidet. Wer das WC aufsuchen muss, öffnet einen Schrank und ist dann doch überrascht, wie geräumig der Innenraum ist. In monatelanger Handarbeit wurde die Einrichtung mit ihrem antiken, nostalgischen Charme aufgebaut, die aber in jedem Fall ein gemütliches Ambiente bietet. Fast alles ist selbstgemacht, sogar die Fliesen wurden von den Besitzern selbst gebrannt. Der Kaffee ist wirklich klasse, manche sagen es sei der beste der Stadt. Die Röstmaschine, in der die Kaffeebohnen vom Besitzer des Resonanz persönlich geröstet werden, steht in dem Café Bakeliet (s. Tipp 40). Auch die Backwaren, Torten und Kuchen werden stets frisch, ein Stockwerk tiefer, zubereitet und gebacken. Besonders beliebt ist das Resonanz bei den Kielern zum Frühstücken, zwischen belgischem, syrischem, amerikanischem oder griechischem Frühstück fällt die Wahl nicht leicht. Reservieren ist zur Frühstückszeit empfehlenswert!

Café Resonanz
Mittelstraße 23
24103 Kiel
T. 0431 53 03 10 14
www.cafe-kiel.de/resonanz
Di–So 9–20 Uhr

40 **Genießen**
Kiel

Frühstücken in 1950er-Jahre-Ambiente

Ebenso wie in ihrem Café Resonanz (s. Tipp 39) haben die Besitzer im Bakeliet mit ganz viel Liebe zum Detail eine außergewöhnliche Atmosphäre geschaffen. Ganz getreu dem Namen, der auf den ab Anfang des 20. Jahrhunderts vielfach verwendeten Kunststoff Bakeliet anspielt, fühlt sich der Besucher mehrere Jahrzehnte in der Zeit zurückversetzt. Die mit rauem Beton verputzten Wände und die aus kleinen Holzleisten zusammengepuzzelte Decke versprühen einen sehr rustikalen Charme. Vor unerwünschtem Besuch auf der Toilette muss hier niemand Angst haben, die schweren Metalltüren würden auch einem Bunker gut stehen. In einer Ecke befindet sich ein Kaffeeröster, der regelmäßig in Betrieb ist und köstlichen Duft verströmt. Überhaupt spielt Kaffee im Bakeliet eine zentrale Rolle. Die Zubereitung über verschiedene Methoden wird zelebriert, regelmäßig werden Kaffeeverköstigungen und Baristakurse angeboten und wer möchte, kann frisch geröstete Kaffeespezialitäten für zu Hause erwerben.

Neben dem überzeugenden Kaffee ist vor allem die Frühstücksauswahl hervorzuheben. Die Teller sind so raffiniert angerichtet und künstlerisch über mehrere Etagen geschichtet, dass man am liebsten an jeden Tisch gehen würde, um die zur Auswahl stehenden Kreationen genau zu inspizieren. Für ein ausgedehntes, üppiges Frühstück mit exklusivem Kaffee ist das Bakeliet genau das Richtige.

Bakeliet Kaffee
Möllingstraße 11
24103 Kiel
T. 0431 90 88 20 99
www.bakelietkaffee.com
Di–So 8–18 Uhr

41 Genießen
Kiel

Japanische Spezialitäten vom Sushi-Meister

Für Freunde der japanischen Küche – und vor allem Sushi – ist ein Besuch des ann Japanese Restaurant auf jeden Fall Teil des Kieler Pflichtprogramms.
Die stets fangfrischen Zutaten werden von Schleswig-Holsteins einzigem echten Sushi-Meister in köstliche Kreationen verwandelt. Das Spektrum reicht von Standardvarianten bis hin zu ausgefallenen Zubereitungen, die vor allem experimentierfreudige Besucher ansprechen dürften. Hier bekommt man ohne Frage das beste Sushi der Stadt und vermutlich ganz Schleswig-Holsteins.
Wer nicht so gerne Sushi mag, sollte sich einen Besuch des Restaurants aus zweierlei Gründen trotzdem nicht entgehen lassen. Einerseits finden sich auf der Speisekarte auch andere leckere japanische Spezialitäten wie gebratener Lachs in Teriyakisoße oder Yasai Tempura, also frittiertes Gemüse mit verschiedenen Soßen, andererseits stellen auch die Dessertkreationen ein besonderes Highlight dar. Der restauranteigene, japanische Pâtissier bereitet originale und ausgefallene Nachtischspezialitäten zu. Unsere Empfehlung: das köstliche Matcha-Tiramisu. Oder lassen Sie sich von dem wechselnden Dessert des Monats überraschen.
Auch unter der Woche ist es empfehlenswert, einen Tisch zu reservieren, das eher kleine Restaurant ist bereits vom Geheimtipp zu einer Kieler Institution avanciert und stets gut besucht.

ann Japanese Restaurant
Holtenauer Straße 158
24105 Kiel
T. 0431 39 47 863
www.annrestaurant.com
Di–Fr 12–14.30 Uhr, Sa 12–14 Uhr

42 Genießen
Kiel

Kieler Kaffee- und Teespezialitäten

Angelockt von dem Duft nach frischem Kaffee und Tee, der die kleine Seitenstraße in der Kieler Altstadt durchströmt, findet man sich schnell in dem Spezialitätengeschäft der Firma Paul Heyck wieder. Der 1840 unter anderem Namen eröffnete Laden entwickelte sich über die Jahrzehnte von einem Kolonialwarengeschäft zu dem wichtigsten Lieferanten für alle Kaffee- und Teeliebhaber in der Stadt. Die Inneneinrichtung allerdings könnte noch aus dem vorletzten Jahrhundert stammen: Massive Holzregale, die bis unter die Decke reichen, sind über und über mit großen Blechbehältern bestückt, die unterschiedlichste Sorten und Varianten der beliebten Heißgetränke beherbergen. Die Sortenvielfalt ist schier unendlich, das freundliche Personal hilft allerdings gerne bei der Entscheidungsfindung. Von italienischem Espresso über äthiopischen Mocca bis hin zu Irish Cream Kaffee sollte für jeden Geschmack die passende Sorte dabei sein. Und wer sich dann doch lieber nicht von unbekannten Aromen überraschen lassen möchte, kann direkt im Laden eine Tasse der Wunschsorte probieren.
Die Vielfalt an Tee- und auch Kakaosorten steht dem Kaffee in nichts nach. Abgerundet wird das schier unendliche Angebot durch verschiedenstes Zubehör wie beispielsweise Teekannen und Tassen, Filter oder Zucker.

Paul Heyck
Faulstraße 2a
24103 Kiel
T. 0431 94 174
www.heyck.de
Mo–Fr 9–19 Uhr, Sa 9–18 Uhr

43 Genießen
Kiel

Paradies für alle Eisfreunde

Dieser Eisladen trägt seinen Namen wirklich zu Recht. Bereits seit einigen Jahrzehnten gibt es im Eisparadies leckeres, hausgemachtes Eis in einer Vielzahl unterschiedlicher Sorten. Nicht ohne Grund gibt es in dem kleinen Verkaufsraum praktisch keine Sitzmöglichkeiten – man würde nämlich nie einen Platz bekommen, da immer alle belegt wären. Schon bei halbwegs gutem Wetter bildet sich vor dem Geschäft eine Schlange, die schnell unzählige Meter lang wird.

Das Eis ist wirklich ausgesprochen lecker und die angebotenen Sorten zahlreich, angefangen bei Klassikern, bis hin zu Ausgefallenem und Exotischem. Das besondere am Eisparadies ist zudem die Größe der Kugeln. Eine gewöhnliche Kugel ist gut und gerne so groß wie zwei bis drei Kugeln in den meisten anderen Eiscafés. Um das Eis bis zum Ende der Waffel genießen zu können, sollte vielleicht besser eine Kugel weniger genommen werden als gewöhnlich.

Wer möchte, kann sich im Eisparadies auch (auf Vorbestellung), beispielsweise für eine Feier, mit Eistorten oder Eisbomben eindecken, die mit den köstlichen Lieblingssorten in Handarbeit hergerichtet werden.

Eisparadies
Knooper Weg 150a
24105 Kiel
T. 0431 56 66 01
www.eisparadies-kiel.de

44 Genießen
Kiel

Die Bar mit dem besten Ausblick

Mit einem Cocktail in der Hand hoch über den Dächern der Stadt sitzen, mit Blick auf die Kieler Förde? Was wie eine Utopie klingt, wird in der Bar „Deck 8“ auf dem Dach des ATLANTIC Hotels Wirklichkeit.

Getränke aus einer umfangreichen Karte können an der Bar bestellt werden, doch auch der Wunschcocktail wird von versierten und fachkundigen Barkeepern schnell zubereitet. Eine übersichtliche Auswahl an Snacks oder kleineren Speisen ist erhältlich. Die Einrichtung ist echt schlicht, aber modern.)as große Highlight der Bar ist llerdings der Ausblick, der von ler angeschlossenen Dachter-'asse aus wirklich grandios ist.)er Blick schweift in Richtung \usgang der Förde über die Ha-enbereiche und das Ostufer. Be-onders empfehlenswert ist der 3esuch zum Sonnenuntergang, venn die Stadt in weiches Licht ;etaucht ist und der Himmel rot ;lüht. Beachten sollte man den ;eltenden Dresscode (sportliche \bendgarderobe) in der Bar.

eck 8 – die Bar
m ATLANTIC Hotel Kiel
?aiffeisenstraße 2
?4103 Kiel
. 0431 37 49 95 83
vww.restaurant-pier16.de
gl. 18–1 Uhr

45 Erleben
Kiel

rachter in freier Wildbahn beobachten

Es gibt wahrscheinlich keine)essere Möglichkeit, Kiel zu erle-)en, als vom Wasser aus. Auf ei-ner zweistündigen, erweiterten Hafenrundfahrt, die am Anleger 3ahnhofsbrücke direkt am Hauptbahnhof beginnt und über die Seegartenbrücke an der Altstadt und den Anleger in Kiel-Holtenau bis nach Laboe und zurück führt, lernt man Kiel von seiner besten Seite kennen. Unterwegs hat man Zeit zum Träumen und Entspannen oder auch zum Beobachten des übrigen Schiffsverkehrs, von gigantischen Kreuzfahrtschiffen über Containerfrachter bis hin zu Motoryachten und kleinen Segelbooten sind auf der Förde sämtliche Schiffsklassen vertreten. Der Kapitän weiß Informatives, Lustiges, Merkwürdiges und Spannendes zu berichten und gestaltet die Fahrt kurzweilig. Von Seemannsgarn bis zu harten Fakten ist alles dabei – ein Erlebnis, das man sich nicht entgehen lassen sollte.

Hafenrundfahrten auf der Kieler Förde
Anleger Bahnhofsbrücke
24114 Kiel
Tickets und Information bei der Tourist-Information Kiel:
Andreas-Gayk-Straße 31
24103 Kiel
T. 0431 67 91 00
www.kiel-sailing-city.de
oder direkt am Anleger Bahnhofsbrücke

46 Erleben
Kiel

Norwegen, Schweden und Litauen in greifbarer Nähe

Wer zum ersten Mal in der Kieler Innenstadt unterwegs ist, wird sich vielleicht verwundert die Augen reiben. Ein gigantisches Schiff steht am Ende der Straße zwischen den Häusern. Mit seiner zentralen Lage in der östlichen Ostsee ist Kiel der ideale Startpunkt für Fährverbindungen, Schiffstouren und Kreuzfahrten nach Skandinavien oder zu den baltischen Staaten. Eigentlich sind immer einige der großen Fährschiffe im Hafen vertäut, man kommt fast auf Berührungsdistanz an die Rümpfe heran, die beeindruckende Größe der Schiffe wird so richtig wahrnehmbar.

Mit der Reederei Stena Line kommt man täglich nach Göteborg, die Color Line macht sich sogar mehrmals täglich in das fast 700 Kilometer Luftlinie entfernte Oslo auf.

Die dänische Reederei DFDS Seaways bietet tägliche Überfahrten in das litauische Klaipeda an. Auf jeder dieser Verbindungen können Fahrzeuge mitgenommen werden, kleine Minikreuzfahrten bieten die Möglichkeit, über Nacht nach Skandinavien zu fahren, einen Tag und je nach Angebot eine Nacht in Oslo oder Göteborg zu verbringen und am nächsten Tag wieder gen Kiel in See zu stechen. Ein tolles und unkompliziertes Erlebnis.

Schiffstouren nach Skandinavien

Stena Line GmbH & Co. KG
Schwedenkai 1
24103 Kiel
T. 0180 60 20 100
www.stenaline.de

Color Line GmbH Terminal
Norwegenkai
24143 Kiel
T. 0431 73 000
www.colorline.de

DFDS Germany ApS & Co. KG
Ostuferhafen 15
24149 Kiel
T. 0431 20 97 60
www.dfdsseaways.de

47 Entdecken
Kiel

Hier planschen die Seehunde mit Fördeblick

Nur wenige Meter von ihrem recht großzügig dimensionierten Außenbecken entfernt, schwappt die Kieler Förde gegen die Kaimauer. Die Freiheit für die fünf Seehunde ist also quasi in greifbarer Nähe. Allerdings machen sie einen sehr fröhlichen Eindruck und es lässt sich durch die großen Glasscheiben auch unter Wasser gut beobachten, wie sie spielerisch tauchen. Noch interessanter wäre für die Seehundtruppe wohl auch ein großes, zylinderförmiges Becken im Inneren des Aquariums. Hier schwimmt nämlich ein gigantischer Schwarm Heringe, eine der Lieblingsspeisen der Seehunde, unermüdlich im Kreis, wobei sie tausende Kilometer im Jahr zurücklegen. Selbst nachts dreht sich der Schwarm um sich selbst, dann allerdings ein bisschen gemütlicher als tagsüber. In weiteren Becken findet man die unterschiedlichsten Bewohner der Ostsee sowie tropischer Gewässer; Dorsch, Scholle und Ohrenqualle leben hier quasi in direkter Nachbarschaft zu Clownfischen und Seeanemonen. Sämtlichen Bewohnern der Becken sind eigene Infotafeln gewidmet, die dem Besucher steckbriefartig Informationen über Vorkommen, Lebensweise und Besonderheiten der Tiere bieten.

Aquarium GEOMAR
Düsternbrooker Weg 20
24105 Kiel
T. 0431 600 16 37
www.aquarium-geomar.de
tgl. 9–18 Uhr

48 Erleben
Kiel

Das größte Segelsportereignis der Welt

Jedes Jahr herrscht in Kiel Ende Juni pünktlich zur besten Segelsaison Ausnahmezustand. Auf dem Wasser geht es hoch her, weil in unzähligen Disziplinen alle erdenklichen Segel- und Wassersportler rasante Wettkämpfe austragen. Zu Lande tummeln sich tausende Besucher und genießen die zahlreichen Vergnügungs- und Unterhaltungsangebote.

Unter den Einheimischen geht das Sprichwort um, dass es immer genau zur Kieler Woche eine Woche lang Dauerregen gibt. Auch wenn diese Daumenregel nach eigener Erfahrung erschreckend gut zutrifft, sollte man sich den Besuch dieses gigantischen Volksfestes nicht entgehen lassen.

Neben den Segelsportveranstaltungen, die in der Windjammerparade ihren Höhepunkt finden, erwarten den Besucher meistens mehrere hundert fast immer kostenfreie Konzerte sowohl von berühmten als auch noch aufstrebenden Künstlern. Verköstigungsmöglichkeiten findet man an jeder Ecke, Sportereignisse, Auftritte von Kleinkünstlern und spezielle Attraktionen für Kinder runden das Angebot ab.

Bereits legendär ist der internationale Markt auf dem Rathausplatz, wo man aus einem Angebot von Spezialitäten aus aller Herren Länder wählen kann. Preiselbeerwaffeln aus Finnland, Langos aus Ungarn oder Steak aus Argentinien bekommt man nur ein paar Schritte von indischen oder afrikanischen Köstlichkeiten entfernt serviert.

Kieler Woche
Marketing GmbH
Fleethörn 9–17
24103 Kiel
T. 0431 90 19 05
www.kieler-woche.de
22. bis 30. Juni 2019
20. bis 28. Juni 2020

49 Erleben
Kiel

Und jährlich grüßt der Bürgermeister

Jedes Jahr im Januar oder Februar muss Kiels berühmtester Bürgermeister ordentlich malochen. Das übrige Jahr über sitzt Asmus Bremer als Metallstatue und beliebtes Fotomotiv auf einer Bank des nach ihm benannten Platzes im Herzen der Stadt. Der Altbürgermeister wird jedoch jedes Jahr zum Kieler Umschlag, gespielt von einem ehrenamtlichen Schauspieler, im Stadtmuseum symbolisch geweckt und wandelt vier Tage lang durch die Stadt. Anschließend verschwindet er wieder im Museum.

Der Kieler Umschlag geht auf einen seit 1431 jährlich in Kiel abgehaltenen Markt zurück, auf dem vor allem Geldgeschäfte abgewickelt wurden. Im Rahmen dieser Veranstaltung wurden aber auch diverse Vergnügungen mit Schaustellern und Gauklern für das Volk angeboten.

Nach einigen Jahrzehnten Pause wird der Kieler Umschlag seit 1975 wieder abgehalten und bietet nicht nur historisch Interessierten ein buntes Programm. Auf dem nachgestellten Mittelaltermarkt kann man beispielsweise einem Schmied bei der Arbeit zusehen, deftige Speisen probieren oder Gauklern bei ihren Vorführungen beiwohnen. Abgerundet wird das Angebot durch Auftritte von Bands und Sängern.

Kieler Umschlag
www.kiel-sailing-city.de

50 Entdecken Kiel

Kiels Fördetaxis

Ganz so romantisch wie in einer venezianischen Gondel ist man mit der Kieler Fördefährlinie zwar nicht unterwegs, dafür schippert man aber bedeutend schneller kreuz und quer über die Förde.

Von der südlichsten Haltestelle direkt neben der berühmten Klappbrücke (s. Tipp 57) unweit des Hauptbahnhofs geht es in einem kurzen Schlag zur Haltestelle Seegarten, wo man dem Kieler Schloss oder dem Schifffahrtsmuseum (s. Tipp 33) einen Besuch abstatten kann. Nach einem Stopp an der Reventloubrücke mit dem Schleswig-Holsteinischen Landtag gehen wir anschließend an der Landungsbrücke Bellevue längsseits, von wo aus man die wunderschöne Parkanlage der Forstbaumschule unsicher machen kann. Alternativ bietet sich ein Besuch der Seebar an, ein herrlicher Ausblick auf die Förde ist hier garantiert. Nach Stopps in Mönkeberg und Möltenort auf dem Ostufer geht es nach Friedrichsort mit seinem markanten Leuchtturm (s. Tipp 6) und dem schönen Badestrand (bei gutem Wetter auf jeden Fall die Badehose mitnehmen!). Im Winter ist Laboe mit dem Marine-Ehrenmal (s. Tipp 65) und dem U-Boot-Museum (s. Tipp 64) der nördlichste Haltepunkt. In der Sommersaison wird nicht nur der Falckensteiner Strand direkt angefahren, sondern auch die Haltestellen Schilksee mit dem Olympiazentrum (s. Tipp 3) sowie der kleine Ort Strande.

Fördefährlinie Kiel
Kaistraße 51
24114 Kiel
T. 0431 59 41 263
www.sfk-kiel.de

51 **Entdecken**
Kiel

Über den Dächern der Stadt

Das Kieler Rathaus bringt venezianisches Flair an die Ostsee. Der 1911 erbaute, 106 Meter hohe und in den vergangenen zwei Jahren umfangreich restaurierte Rathausturm ist architektonisch dem Markusturm der berühmten italienischen Lagunenstadt Venedig nachempfunden.
Mit dem Fahrstuhl erreicht man die in 67 Metern Höhe befindliche Aussichtsplattform und muss sogleich auf Tuchfühlung mit den übrigen Gästen gehen, wenn man auf dem doch sehr schmalen, umlaufenden Balkon einen der Plätze mit der besten Aussicht ergattern möchte.
Dann geht der Blick natürlich in Richtung Nordosten über die Altstadt und die Förde bis zu den Werftanlagen auf dem Ostufer, und weit in der Ferne lässt sich sogar das Laboer Marine-Ehrenmal am Ende der Förde ausmachen. Die Rathausturmfahrten finden in den Sommermonaten an bestimmten Tagen (aktuell mittwochs und samstags) statt. Bei gutem Wetter ist der Ausblick wirklich sehr empfehlenswert, doch auch bei – wie man hier sagt – Schietwetter kann sich ein kurzer Besuch des alten Kieler Rathauses lohnen. Das

heute denkmalgeschützte, im selben Jahr wie der Turm erbaute Gebäude wartet mit einer recht imposanten Rotunde im Eingangsbereich sowie einem der wenigen in Deutschland verbliebenen Paternoster auf. Der ungewöhnliche Fahrstuhl darf hier allerdings nur noch von den Rathausmitarbeitern genutzt werden. Wer selbst mal eine Runde Paternoster fahren möchte, kann dies im Schleswig-Holsteinischen Landtag tun.

Kieler Rathaus
Fleethörn 9
24103 Kiel
T. 0431 90 10

52 Entdecken Kiel

Eines der Kulturzentren der Stadt

Die 1988 gegründete Stadtgalerie Kiel bietet auf einer Fläche von 1200 Quadratmetern eine Kunstsammlung von Werken des 20. und 21. Jahrhunderts. Neben den Arbeiten regionaler Künstler des Expressionismus bis heute werden auch Werke von Absolventen der Kieler Muthesius Kunsthochschule präsentiert. Eine ständige Ausstellung widmet sich dem Kieler Maler und Grafiker Heinrich Ehmsen (1886–1964). Im Foyer werden regelmäßig Kunstwerke aus der Sammlung gezeigt und einen besonderen Schwerpunkt bilden die mehrmals im Jahr wechselnden Ausstellungen zur zeitgenössischen Kunst von Künstlern aus Norddeutschland und dem Ostseeraum. In der Stadtgalerie befindet sich das Kulturforum mit einem modernen Veranstaltungssaal für etwa 250 Besucher, in dem Vorträge, Musikveranstaltungen, Theater und Lesungen stattfinden.

Stadtgalerie Kiel
Andreas-Gayk-Straße 31
24103 Kiel
T. 0431 90 13 400
Di, Mi, Fr 10–17 Uhr, Do 10–19 Uhr,
Sa u. So 11–17 Uhr

53 Entdecken Kiel

Die ganz großen Pötte mitten in der Stadt

Über 300 Meter lange Kreuzfahrtschiffe, die direkt durch die Innenstadt fahren, so etwas kann man wohl nur in Kiel erleben. Die fünf Kreuzfahrthäfen Ostseekai, Sartorikai, Schwedenkai, Norwegenkai und Ostuferhafen werden während der Kreuzfahrtsaison von April bis November fast täglich angelaufen. Neben regelmäßigen Gästen wie beispielsweise die schwimmenden Städte der „Mein Schiff"-Flotte oder die AIDA-Schiffe machen auch immer mal wieder seltene und ungewöhnliche Gäste in den Kieler Häfen fest.
Das legendäre Luxus-Kreuzfahrtschiff *Queen Victoria* gehört mittlerweile schon zu den fast regelmäßig einlaufenden Luxuslinern. Sogar das für Transatlantiküberquerungen konzipierte und eingesetzte Schiff *Queen Mary 2* war bereits auf Stippvisite in der Kieler Förde. Mit einer Länge von 345 Metern ist die Kieler Innenstadt gut ausgefüllt.
Wann welche Schiffe wo festmachen, lässt sich gut auf der Internetseite nachschlagen.

Kiels Kreuzfahrthäfen
www.ostsee.de/kiel/
kreuzfahrtschiffe

54 Erleben
Kiel

Auf den Spuren von Kommissar Borowski

Für Freunde der beliebten sonntäglichen Krimireihe „Tatort“ gibt es ausgearbeitete Radtouren durch die Kieler Innenstadt und darüber hinaus. Da kann man die originalen Dreh- und Spielorte, an denen der NDR-Fernsehkommissar Klaus Borowski und seine Kolleginnen seit 2003 ermittelt haben, aufsuchen. Es gibt mehrere Routen sowohl am West- als auch am Ostufer von zehn bis 23 Kilometern Länge. Holtenauer Hochbrücke, Thiessenkai, Holtenauer Straße, Seebad Düsternbrook und Hörnbrücke sind nur einige der legendären Tatorte oder Ermittlungsplätze. Es gibt auch eine Reihe weiterer ausgearbeiteter Kiel-Radtouren wie die maritime Radtour, die Wissenschaft-Radtour oder die Mountainbike-Tour.

Borowski-Tour
www.cityguide-kiel.de/tour/1/
Tatort-Fahrradtour
www.filmtourismus.de/
tatort-kiel

55 Entdecken
Kiel

Norddeutschlands größtes Einkaufserlebnis

Den Haupteingang des 1988 eröffneten Sophienhofs erreicht man in nur wenigen Schritten vom Kieler Hauptbahnhof aus. Der gläserne Eingangsbereich stellt eine große Markthalle nach, die von Obst- und Gemüseständen dominiert wird. Mit einer Gesamtverkaufsfläche von etwa 70 000 Quadratmetern gilt der Sophienhof als das größte, vollständig überdachte Einkaufszentrum Norddeutschlands. Die rund 120 Geschäfte werden ergänzt durch ein scheinbar unendliches Angebot an Cafés und Restaurants, in denen der Besucher eine kulinarische Weltreise antreten kann. Wer den Einkaufskomplex über den nördlichen Ausgang verlässt, gelangt direkt in die Holstenstraße, Kiels wichtigste Fußgängerzone und Einkaufsstraße. Bei gutem Wetter lässt sich der Einkaufsbummel also ohne Probleme ins Freie ausdehnen.

Sophienhof
Sophienblatt 20
24103 Kiel
T. 0431 67 30 44
www.sophienhof.de
Mo–Sa 10–20 Uhr

56 Erleben
Molfsee

Schleswig-Holstein an einem Tag

Seit mehr als 50 Jahren präsentiert das Freilichtmuseum Molfsee die Alltags- und Kulturgeschichte des ländlichen Schleswig-Holsteins vom 16. bis zum 20. Jahrhundert. 60 historische Gebäude aus allen Teilen des Landes, die an ihrem Standort abgebaut und auf dem 40 Hektar großen Museumsgelände wieder aufgebaut wurden, zeigen die Wohnkultur vergangener Zeiten. Die Bauernhäuser, Katen, Scheunen, Windmühlen, eine Meierei, Apotheke und Werkstätten, die zum Teil mit originalem Mobiliar, Hausrat und Arbeitsgeräten ausgestattet sind, kann man besichtigen, und zusammen mit den dazwischenliegenden Gärten, Seen, Feldern und grasenden Tieren vermittelt die Ausstellung das Gesamtbild einer historischen Kulturlandschaft. Viele Sonderveranstaltungen, Führungen, Aktionen, Märkte und Konzerte bereichern das umfängliche Kulturprogramm zusätzlich.

Freilichtmuseum Molfsee
Hamburger Landstraße 97
24113 Molfsee
T. 0431 65 96 622
www.freilichtmuseum-sh.de
April bis Oktober:
tgl. 9–18 Uhr, Einlass bis 17 Uhr
November bis März:
So 11–16 Uhr

57 **Entdecken**
Kiel

Komplizierter Name – komplizierte Technik

Unweit des Kieler Hauptbahnhofs wird die Innenförde, auch Hörn genannt, von einer weltweit einzigartigen Konstruktion überspannt. Die Faltbrücke für Fußgänger und Radfahrer, die auf den Namen Dreifeldzugklappbrücke hört, wurde 1997 eröffnet und verbindet das Stadtzentrum mit dem Ostufer. Aufgrund von Baukosten in Höhe von fast 20 Millionen DM und technischen Schwierigkeiten und Verzögerungen bei der Fertigstellung wurde sie im Volksmund „Klappt-Nix-Brücke" getauft. Wenn dann aber mal ein Schiff in die Hörn hinein- oder hinausfahren möchte, klappt es mittlerweile doch ganz gut. Die drei Elemente der knallroten Brücke werden ziehharmonikaartig aufeinandergefaltet und senkrecht aufgestellt.

So ganz trivial scheint die Technik aber bis heute nicht zu sein, bei regelmäßigen Wartungsarbeiten ist die Brücke teilweise längere Zeit gesperrt und es wird parallel eine Ersatzbrücke errichtet.

Mittlerweile hat sich die Klappbrücke zu einer Kieler Sehenswürdigkeit entwickelt, die nicht nur das Stadtbild verschönert, sondern auch die am Ostufer gelegenen Stadtteile näher an das Stadtzentrum und die Altstadt gerückt hat.

Hörnbrücke
24114 Kiel
www.kiel-wiki.de/hörnbrücke

58 Erleben
Kiel

Unberührte Flusslandschaft in Kiels Osten

Wäre sie nach Osten anstatt nach Westen geflossen, dann hätte die Schwentine bereits nach etwa zehn Kilometern die Ostsee bei Neustadt erreicht. Stattdessen fließt sie ausgehend von ihrer Quelle am Bungsberg über eine Länge von 68 Kilometern unter anderem durch den Keller-, Diek-, Plöner und den Lanker See und mündet bei dem Kieler Stadtteil Neumühlen-Dietrichsdorf in die Kieler Förde. Sie ist somit nicht nur einer der längsten Flüsse Schleswig-Holsteins, sondern unbestreitbar auch einer der landschaftlich schönsten.
Auf einer etwa sechs Kilometer langen, etwa 30 Minuten für die einfache Strecke dauernden Bootstour lässt sich die schöne Natur am Flussufer, bestehend aus Erlenbruchwäldern, Röhrichtgürteln und Seerosenfeldern, am besten erleben. Ausgangspunkt der Tour ist die alte Schwentinebrücke in Kiel-Wellingdorf. Wer es gemütlich angehen will, kann eines der Motorboote wählen, die von erfahrenen Kapitänen geführt werden, markige Sprüche und waschech-

tes Seemannsgarn sind im Fahrpreis inklusive. Sportlichere wählen das Kanu oder Ruderboot, dann hat man sich den Besuch des Restaurants in der Oppendorfer Mühle unweit der oberen Anlegestelle besonders verdient.
Bei der Fahrt heißt es, Augen auf und wachsam sein, in der Schwentine leben einige sehr scheue Schildkröten, die sich mit etwas Glück beim Sonnen im Uferbereich beobachten lassen.

Schwentinentalfahrt
An der Holsatiamühle
24149 Kiel
T. 0431 72 24 28
www.schwentinentalfahrt.de

59 Erleben
Kiel

Industrie zum Anfassen

Funken sprühen, während das gelb leuchtende, flüssige Metall langsam in die Öffnung der vorbereiteten Sandform gegossen wird. Nicht nur dem Gussmeister, sondern auch den Museumsbesuchern tropft der Schweiß von der Stirn.

In Zeiten, in denen sogar filigrane Formatteile aus Metall von 3D-Druckern vollständig automatisiert ausgespuckt werden, ist es umso wichtiger, dass die ursprünglichen Techniken des Metallgießens nicht in Vergessenheit geraten.

In dem Industriemuseum Howaldtsche Metallgießerei auf dem Kieler Ostufer nördlich der Schwentinemündung wird Arbeitstechnik von vor über hundert Jahren lebendig und erlebbar. Seit 2007 beherbergt das unter Denkmalschutz stehende historische Gebäude der alten Metallgießerei von 1884 eine Ausstellung mit unzähligen Originalexponaten. Herzstück des Museums ist allerdings die komplett erhaltene Gießereiwerkstatt im Obergeschoss, wo der Gussvorgang mit Formsand demonstriert wird.

Mit viel Liebe für sämtliche Details wurden die Exponate ausschließlich von ehrenamtlichen Mitarbeitern hergestellt. Das Museum ist in den Sommermonaten immer sonntags geöffnet, Vorführungen finden an jedem vierten Sonntag des Monats statt. Doch darüber hinaus gibt es auch an anderen Tagen interessante Veranstaltungen und Sonderöffnungszeiten.

Auch wenn das Museum nicht geöffnet hat, ist ein Besuch der Anlage empfehlenswert, um ein Stück Kieler Industriegeschichte zu erleben.

Industriemuseum Howaldtsche Metallgießerei
Grenzstraße 1
24149 Kiel
T. 0431 38 77 439
www.alte-giesserei-kiel.de
März bis Oktober: So 14–16 Uhr

60 Erleben
Kiel

Den Sternen so nahe

Die bunten, asymmetrischen Flachdächer sind nicht nur vom Boden aus ein echter Hingucker. Wer seinen Aufenthalt in Kiel mit einem der einschlägigen Routenplaner vorbereitet, dem springen auf den Satellitenaufnahmen vom Ostufer sofort die roten, blauen, grünen und grauen Dächer der Kulturinsel Dietrichsdorf auf dem Gelände der Kieler Fachhochschule ins Auge.

Der Aufmerksamkeit erregende Bau ist nicht unbegründet, befindet sich hier doch der Mediendom, nach eigenen Worten eine „unvergleichliche Erlebniswelt, die so einiges zu bieten hat." Diese Beschreibung trifft tatsächlich ziemlich gut zu. Der Kuppelsaal bietet 64 Sitzplätze in kreisförmiger Anordnung, die sich nahezu waagerecht stellen lassen, sodass der Blick in Richtung Decke geht. Dank aufwendiger Technik genießt der Besucher die an die Decke projizierten Animationen, Filme und Bilder. Das Angebotsspektrum reicht von astronomischen Vorführungen, in denen es etwa um die Geschichte der Raumfahrt, die Planeten unseres Sonnensystems oder den aktuell beobachtbaren Sternenhimmel geht, bis hin zu kulturellen oder musikalischen Vorführungen. Abgerundet wird das Programm durch Angebote speziell für Kinder oder Senioren sowie Ungewöhnliches, wie zum Beispiel Achterbahnfahrten in virtuellen Vergnügungsparks auf den Planeten des Sonnensystems. Wer also schon immer mal auf dem Uranusring Achterbahn fahren wollte, ist hier genau richtig. Schwindelfreiheit vorausgesetzt, denn die Animationen sind wirklich täuschend echt.

Mediendom Kiel
Sokratesplatz 6
24149 Kiel
T. 0431 21 01 741
www.mediendom.de
www.fh-kiel.de

61 Entdecken
Kiel

Das Museum der Einsen und Nullen

Was die meisten Menschen heutzutage als selbstverständlich klein und handlich stets in der Tasche dabeihaben, geht zurück auf gigantische, ganze Räume füllende Maschinen. Die modernen Smartphones würde es wohl so nicht geben, hätte der deutsche Ingenieur Konrad Zuse im Jahr 1941 mit seinem Z3 nicht den Grundstein für die Computerära gelegt.
Ein großer Teil der Ausstellung im Computermuseum Kiel, nur wenige Schritte vom Mediendom (s. Tipp 60) entfernt, ist dem Tüftler und Erfinder gewidmet. Eines der bedeutendsten Ausstellungsstücke ist ein originaler Computer des Modells Z11 aus dem Jahr 1958.
Das umfassendste Computermuseum Norddeutschlands ist würdevoll in einem alten Hochbunker aus dem Zweiten Weltkrieg untergebracht und nimmt den Besucher mit auf eine Zeitreise von den Anfängen der Computertechnik bis in die 1990er-Jahre, dem Beginn der Ära der Heimcomputer.

Computermuseum der Fachhochschule Kiel
Eichenbergskamp 8
24149 Kiel
T. 0431 21 01 741
www.computermuseum.fh-kiel.de
Sa u. So 14–18 Uhr

62 Entdecken
Heikendorf

Von der Künstlerkolonie zum Museum

Das 1865 erbaute Gebäude, das heute als Künstlermuseum in Heikendorf genutzt wird, gelangte 1923 in den Besitz des Künstlers Heinrich Blunck und seiner Frau. Per Testament wurde verfügt, dass das Anwesen und Werk in eine Stiftung übergeht. Die Heinrich Blunck-Stiftung ist noch heute Träger des Museums, das Werke der Mitglieder der Heikendorfer Künstlerkolonie zeigt. Neben Blunck sind dies beispielsweise Georg Burmester, Werner Lange, Jeane Flieser, Karin Hertz, Rudolf Behrend und andere. Vom Norddeutschen Impressionismus bis zum späten Expressionismus erhält man hier einen Einblick in die Geschichte der Malerei am authentischen Ort. Das Museum wurde im Jahr 2000 in dem denkmalgeschützten Gebäude eröffnet, ein Jahr zuvor wurde eine hundert Quadratmeter große Ausstellungshalle errichtet, in der thematische Wechselausstellungen gezeigt werden. Auch der anliegende, neu gestaltete Garten ist sehenswert.

Künstlermuseum Heikendorf-Kieler Förde
Teichtor 9
24226 Heikendorf
T. 0431 24 80 93
www.kuenstlermuseum
heikendorf.eu
Do–Sa 14–17 Uhr, So 11–17 Uhr

63 Erleben
Laboe

Forschen in Neptuns Reich

Mit knarzender Winde wird das kleine Netz an Bord gehievt und sein Inhalt in einer großen Wanne entleert. Eine kleine Scholle, Seesterne, Krebse, Schnecken und Muscheln zappeln durcheinander.

Eine Fahrt auf der Forschungsbarkasse *MS Sagitta* ist alles andere als eine gewöhnliche Kuttertour. Hier steht das Kennenlernen und Erleben der Ostseemeeresfauna im Vordergrund. Ein Team von Meeresbiologen hat es sich zur Aufgabe gemacht möglichst viele Menschen für das lebenswichtige Ökosystem im Meer zu sensibilisieren. Und das geht natürlich durch Erfahren und Begreifen.

Daher wird der Fang genauestens begutachtet und in allen Details erläutert. Die Scholle geht als erstes über Bord zurück ins kühle Nass, da ihr sonst die Luft ausgehen würde. Die übrige Beute kann länger die Luft anhalten beziehungsweise auch über Wasser atmen. Somit bleibt genug Zeit, dass jeder Teilnehmer der kleinen Gruppe die Wasserlebewesen eingehend studieren kann.

Diese Tour auf der Kieler Förde ist ein ganz besonderes und vor allem lehrreiches Erlebnis.

MS Sagitta
Strand 1
24235 Laboe
T. 0160 96 76 02 97
T. 0163 34 04 402
www.sagitta-laboe.de

64 Entdecken
Laboe

Das 860 Tonnen-Museum

In diesem Museum heißt es, flexibel und platzangstfrei zu sein und nicht nur für große Personen: Kopf einziehen! Denn U 995 ist kein gewöhnliches Museum, sondern ein am Laboer Strand auf dem Trockenen liegendes deutsches U-Boot aus dem Zweiten Weltkrieg. Von 1943 bis 1945 war das Unterseeboot vor der norwegischen Küste im Einsatz und ging nach Kriegsende in norwegischen Besitz über. 1965 wurde es als Zeichen der Freundschaft zurück nach Deutschland überführt, in Kiel restauriert und seit 1972 ist es an der Kieler Förde als Friedenssymbol und Mahnmal aufgebockt. Wer die wenigen Schritte bis hinunter zum Strand geht, kann dort auch heute noch die langsam versandende Rinne ausmachen, die durch den flachen Sandbankbereich gebaggert wurde, um das U-Boot bis an den Strand schleppen zu können.

Im Innern des originalgetreu erhaltenen U-Bootes ist man überrascht über die unzähligen Hebel, Stellrädchen und Schalter, doch noch beeindruckender ist die Tatsache, dass auf so wenig Raum etwa 50 Besatzungsmitglieder teilweise tagelang arbei-

ten und leben mussten. Torpedoschächte, Guckrohr und beengende Kajüten sind zwar eindrucksvoll, aber man ist dann doch sehr froh, das beklemmende Innere des 2800 PS kräftigen Friedenssymbols verlassen zu können.

Technisches Museum U 995
Strandstraße 92
24235 Laboe
T. 04343 49 48 49 62
www.deutscher-marinebund.de

65 Entdecken
Laboe

Seefahrt, Krieg und Ausblick

Das imposante Laboer Marine-Ehrenmal am Übergang der Kieler Förde in die offene Ostsee gelegen, ist mit seiner Höhe von fast 70 Metern eine sehr markante Ortsmarke und sogar von der Kieler Innenstadt aus in Sichtweite.

Das angeblich laut Architekt an eine auflodernde Flamme erinnernde Bauwerk wurde 1936 als Gedenkstätte für die im Ersten Weltkrieg gefallenen Soldaten errichtet. Mittlerweile ist das Mahnmal allen verstorbenen Seeleuten gewidmet und ein Symbol für eine friedliche Seefahrt. Diesem Zweck dient auch die unterirdische Gedächtnishalle. In den oberirdischen Räumlichkeiten erwarten den Besucher umfangreiche Ausstellungen zur Entwicklung der Schifffahrt, Kriegsflaggen sowie Allgemeines zu der deutschen Marine in den vergangenen Jahrzehnten. Bemerkenswert ist die ehrfürchtige Atmosphäre, die vor allem in den Räumlichkeiten herrscht, die der Erinnerung an die verstorbenen Seeleute gewidmet sind.

Ein besonderes Highlight erreichen wir über 341 Treppenstufen oder, falls man nicht ganz so gut zu Fuß ist, mithilfe zweier Aufzüge: die große Aussichtsplattform 82 Meter über der Ostsee. Die atemberaubende Aussicht schweift über Kiel mit Innenstadt und den Vororten, die Küstenlinie entlang und bei guter Sicht sogar über die Ostsee bis nach Dänemark.

Marine-Ehrenmal
Strandstraße 92
24235 Laboe
T. 04343 49 48 49 62
www.deutscher-marinebund.de
www.laboe.de/marine-ehrenmal.html
November bis Februar:
tgl. 10–16 Uhr
März u. Oktober: tgl. 9.30–17 Uhr
April bis Mai: tgl. 9–18 Uhr
Juni bis September: tgl. 9–19 Uhr

66 Entdecken
Laboe

Wissenswertes über die Flora und Fauna der Ostsee

Der westliche Teil der Ostsee vor Kiel ist Brackwasser. Bei Stürmen in der Nordsee wird Salzwasser über den Kattegat gedrückt, das sich mit dem Süßwasser der östlichen Ostsee vermischt. Es gibt einige Salzwasserfische, die auch im Brackwasser überleben können. Um allerdings das Eindringen von Wasser in den Körper aufgrund des osmotischen Effektes zu verhindern, müssen die Fische signifikant Energie aufwenden. In der Folge fehlt ihnen diese Energie beim Wachstum und der Entwicklung, sie erreichen deutlich geringere Körpergrößen als ihre Artgenossen im reinen Salzwasser.

Über diese und viele weitere wissenswerte Fakten kann man sich in der Meeresbiologischen Station Laboe informieren. Direkt in den Dünen unweit der Küste gelegen, bietet die Station dank unzähliger Becken mit Vertretern der Ostseelebewesen einen faszinierenden Einblick in die Unterwasserwelt.

Führungen durch die Station werden von fachkundigen Meeresbiologen durchgeführt, die dabei auch auf die unterschiedlichen Lebensräume und die Entstehungsgeschichte der Ostsee eingehen.

Meeresbiologische Station Laboe
Strand 1
24235 Laboe
T. 04343 42 93 21
www.meeresbiologie-laboe.de
April bis Oktober:
Di–So 11 bis 18 Uhr
November bis März:
Do–So 11–18 Uhr

Naturpark Westensee

1 Erleben
Westensee

Mit dem Rad um den Westensee

Das namensgebende Gewässer für den seit 1969 als solches ausgewiesenen Naturpark Westensee ist mit einer Fläche von sieben Quadratkilometern der fünftgrößte See des Landes und lässt sich in einer schönen Radtour umrunden (circa 30 Kilometer). Guter Startpunkt ist der Ort Felde, wo es einen Bahnhof gibt. Von hier geht es zunächst über Bossee (Foto) in den Ort Westensee am Südufer des Sees, wo man der St. Catharinenkirche aus dem 13. Jahrhundert und dem Café Zeit (s. Tipp 4) einen Besuch abstatten kann. Auf schöner Strecke geht es über Wrohe und Hohenhude nach Steinfurt, wo an der alten Wassermühle die den Westensee durchfließende Eider überquert wird. Durch das Tal der Eider geht es nach nochmaliger Überquerung des Flusses über Achterwehr oder direkt durch die Niederung zwischen Westensee und Ahrensee nach Felde zurück. Auch ein kleiner Schlenker entlang dem Eiderringkanal bis hin zum Nord-Ostsee-Kanal ist möglich.

Radtour um den Westensee
Mittelholstein Tourismus
T. 04331 23 373
www.mittel-holstein.de

2 Erleben
Achterwehr

Den Westensee vom Wasser aus erleben

Von dem Ort Achterwehr aus kann man zu Wassertouren auf der Eider, dem Eiderringkanal und dem Westensee starten. Neben einer offiziellen Einsetzstelle gibt es auch einen Kajak- sowie Kanu- und Floßverleih. Man kann von dort zu einer ruhigen Tour auf dem Eiderringkanal aufbrechen. Vorbei an der mittelalterlichen Feldsteinkirche von Flemhude geht es in Richtung Nord-Ostsee-Kanal (NOK). Die ehemalige Schleuse Strohbrück zum NOK ist allerdings nicht mehr in Betrieb. Auf der Eider kann man sich in Richtung Westensee aufmachen. Eine kleine Stärkung ist im anliegenden Café des Kajakverleihs bei Kuchen, Torten, Waffeln und Eis möglich.

Wassertouren bei Achterwehr

Kajakverleih Achterwehr
Am Speicher 1
24239 Achterwehr
T. 04340 10 89
www.kajakverleih-achterwehr.de

Kanu- und Floßverleih Achterwehr
Am Speicher 3
24239 Achterwehr
T. 04340 80 57
www.kanuverleih-achterwehr.de

3 Entdecken
Westensee

Der Westensee von oben

Eine kleine Wanderung von etwa drei Kilometern, die einen herrlichen Blick auf den Westensee und Bossee und sogar bis nach Kiel offeriert, kann man vom Ort Westensee aus unternehmen. Von der St. Catharienenkirche geht es kurz Richtung Wrohe, aber gleich rechts den Wanderweg auf den 88 Meter hohen Tüteberg hinauf. Auf dem Gipfel steht man quasi auf einem Teil des eiszeitlichen Aushubes, der zur Bildung von Westensee und Bossee geführt hat. Nach der Wanderung kann man im Café Zeit (s. Tipp 4) oder im Gasthaus Westensee nahe der Badestelle am See einkehren.

Wanderung am Westensee
Dorfstraße 1
24259 Westensee
www.tourismus-naturpark-westensee.de/wandern.html

4 Genießen
Westensee

Torten in Handarbeit

Ob Donauwelle, Philadelphia-Zitrone, Preiselbeer-Sahne, Cappuccino-Espresso oder die legendäre Marzipantorte: Die süß-sahnigen Köstlichkeiten des Café Zeit in Westensee sind weit über die Region hinaus bekannt. Und die Größe der Stücke verhindert in aller Regel, dass man mehrere Torten durchprobieren kann. Man muss also nochmal wiederkommen. Seit mehr als 30 Jahren stammen die Tortenspezialitäten aus eigener Herstellung.

Café Zeit
Dorfstraße 23
24259 Westensee
T. 04305 681
www.cafezeit-westensee.de
Sa u. So 13–18 Uhr

5 Entdecken
Westensee, Schierensee und Emkendorf

Schlösser am Westensee

Die sogenannten drei Schlösser in der Nähe des Westensees sind die Herrenhäuser Deutsch-Nienhof, Schierensee und Emkendorf (Foto). Das 1782 fertiggestellte Herrenhaus Schierensee mit einem landwirtschaftlichen Biobetrieb auf dem Gut des bekannten Brillenherstellers Prof. Dr. Günther Fielmann kann nach Anmeldung besichtigt werden. In dem 1795 erbauten Herrenhaus Emkendorf kann man an Führungen durch einen der schönsten frühklassizistischen Profanbauten des Landes teilnehmen. Der großzügige Park ist ganzjährig frei zugänglich. Sehr beliebt sind die Musikkonzerte des Schleswig-Holstein Musik Festivals (SHMF) in Emkendorf, wo aber auch Lesungen, Vorträge und weitere Musikveranstaltungen stattfinden.

Gut Deutsch-Nienhof
L 255
24259 Westensee
T. 04305 728
www.deutsch-nienhof.de
Gut Schierensee
24241 Schierensee
T. 04347 71 210
www.gutschierensee.de
Gut Emkendorf
Gutshof 3
24802 Emkendorf
T. 04330 99 46 90
www.gutemkendorf.de

6 Entdecken
Naturpark Westensee

Seen-Badespaß im Naturpark
Schleswig-Holstein besitzt nicht nur an seinen beiden Küsten optimale Bademöglichkeiten, sondern auch das seenreiche Binnenland wartet mit zahlreichen Badestellen an Süßgewässern auf. Am Westensee sind nicht nur im gleichnamigen Ort am Südufer, sondern auch in Wulfsfelde bei Felde, in Wrohe und in Hohenhude Badestellen eingerichtet. Zur Seenkette des Westensees gehören auch der Ahrensee und der Große und Kleine Schierensee, wobei die beiden erst genannten auch offizielle Bademöglichkeiten besitzen. Schöne Seen-Badestellen findet man auch am Vollstedter See, am Borgdorfer See, am Emkendorfer Dörpsee, an Warder- und Brahmsee sowie am Lust- und Pohlsee. Eine gewisse Infrastruktur ist meist auch vorhanden wie beispielsweise Liegewiese, Kiosk, Rutsche, Steg, Grillplatz usw. Die Badewasserqualität wird regelmäßig kontrolliert und gilt als gut, wenngleich es auch gelegentlich zu Badeverboten wegen des Auftretens giftiger Algen kommen kann.
Baden im Naturpark Westensee
www.tourismus-naturpark-westensee.de/badeseen.html

7 Entdecken
Warder

Von Angler Sattelschwein bis Zwergesel
Die Arche Warder ist schon ein besonderer Tierpark. Über 80 verschiedene Rassen von Haus- und Nutztieren werden den Besuchern gezeigt, gleichzeitig aber geht es um die Erhaltung und die Zucht der zum Teil bereits sehr selten gewordenen und gefährdeten Nutztierrassen. Solche alten Rassen wie Angler Sattelschwein, Girgentana-Ziege, Ge-

hörnte Schnucke oder Lippegans sind nicht nur kulturhistorisch und für eine naturnahe Landwirtschaft und Landschaftspflege bedeutsam, sondern es geht auch um den Erhalt genetischer Ressourcen und den Biodiversitätsschutz. Über 1200 Tiere sind auf dem 40 Hektar großen Gelände zu bestaunen. Es gibt einen Streichelhof, Abenteuerspielgeräte und eine Steinzeitsiedlung. Außerdem finden zahlreiche Events und Veranstaltungen im Park statt. Ein Hofladen, das Restaurant Farmküche und Übernachtungsmöglichkeiten runden das vielfältige und attraktive Angebot des Tierparks ab.

Haus- und Nutztierpark Arche Warder
Langwedeler Weg 11
24646 Warder
T. 04329 91 340
www.arche-warder.de
tgl. 10–20 Uhr

8 Entdecken
Warder

Begegnung von Skulptur und Landschaft
Der Steinpark Warder befindet sich in einer reizvollen Parkanlage des Gutes Seehof nahe dem Wardersee. 30 Großskulpturen und 30 kleinere Exponate des Bildhauers und bildenden Künstlers Ben Siebenrock sind ausgestellt. Der 2009 eröffnete Park wird auch nach dem Tod des Künstlers weiterbetrieben, wobei vor allem die Firma Glindemann, die durch ihren Kiesabbau-Betrieb auch viel mit Steinen zu tun hat, aktiv ist und das Projekt bereits länger unterstützt. Joystick, Urfaust, Turbowachteln, Farbmühle oder die aus Findlingen und Acrylglas gefertigte Großskulptur Lichtblick sind nur einige der ausgestellten Exponate. Veranstaltungen und Konzerte finden ebenfalls auf dem Steinparkgelände statt.

Steinpark Warder
Seehof 1
24646 Warder
T. 04322 75 77 36
www.ben-siebenrock.de/steinpark-warder
Juni bis August: nur bei angekündigten Veranstaltungen u. nach Voranmeldung

9 Erleben
Westensee und andere Seen

Aal, Barsch, Hecht und Zander für den Teller

Wo viel Wasser ist wie im Naturpark Westensee, gibt es auch reichliche Angelmöglichkeiten. Neben dem Forellensee in Kleinvollstedt und Peter's Angelsee in Emkendorf finden wir im westlichen Teil des Westensees, im Brahmsee, Wardersee und Borgdorfer See die Möglichkeit, den Haken ins Wasser zu hängen. Neben den Weißfischarten, zu denen auch der Karpfen gehört, werden gerne Aal, Barsch, Hecht, Lachs- und Regenbogenforelle sowie Zander aus dem Wasser gezogen. Auch der Eiderringkanal ist ein beliebtes Angelrevier. Dieser geht bis an den Nord-Ostsee-Kanal heran – übrigens auch ein bei Anglern äußerst beliebtes Tätigkeitsareal. Über die jeweiligen Fischereirechte und Genehmigungen informiert der Landessportfischerverband Schleswig-Holstein e. V. in Kiel.

Landessportfischerverband Schleswig-Holstein
T. 0431 67 68 18
www.lsfv-sh.de

10 Erleben
Emkendorf

Reisen wie in früheren Zeiten

Von Pferden gezogene Karren und Kutschen waren dereinst das wichtigste Transportmittel. Die Rendsburger Firma Peper bietet ein umfängliches Programm an Kutschfahrten in die umliegende Region an, darunter eine Kutschfahrt im Naturpark Westensee zum Weimar des Nordens, dem Emkendorfer Herrenhaus. Mit ihrer Vis-à-vis-Kutsche, der Wagonette für je maximal sechs Personen, oder der traditionellen Kutsche und dem Linzer Planwagen organisiert Klaus Peper aber auch individuelle Touren nach den Wünschen der Kunden. Bis zu sechsspännig wird gefahren, wobei neben Friesen auch Holsteiner zum Einsatz kommen. Sicher eine schöne Idee für ein besonderes Urlaubserlebnis, aber auch für Jubiläen, Hochzeiten oder als originelle Geburtstagsüberraschung. Start der Tour im Naturpark Westensee ist das Herrenhaus Gut Emkendorf (s. Tipp 5).

Peper – Mit Pferd und Wagen
Dr. Eckener Straße 5
24768 Rendsburg
T. 04331 78 93 35
www.peper-kutschfahrten.de

11 Erleben
Emkendorf

Vom Fischteich zum Naturschutzgebiet

Die beiden Fischteiche Rümlandteich und Methorstteich liegen nordwestlich von Emkendorf und Brux und bieten die Möglichkeit einer schönen Uferwanderung um die beiden Fischteichgebiete, die bereits seit 1957 als Naturschutzgebiete ausgewiesen sind. Zum Teil gehen die Fischteiche noch auf die Mönche zurück, die so während der Fastenzeit immerhin Fischmahlzeiten zu sich nehmen konnten. Beim Start am Wanderparkplatz an der Straße Diekendörn bei Emkendorf kann man in einer circa vier Kilometer langen Wanderung die Teiche umrunden. Interessante Amphibien und Wasservögel wie alle fünf Lappentaucherarten, Enten, Kormorane, Rohrdommel, aber auch interessante Greifvögel wie See- und Fischadler, Rotmilan und Rohrweihen lassen sich mit Glück beobachten. Am Südufer des Rümlandteiches führt der Fernwanderweg Nord-Ostsee entlang. Vielleicht eine Anregung für eine mehrtägige Wanderung von 117 Kilometern von Meldorf bis nach Kiel, von der Nordsee an die Ostsee?

Uferwanderung
Diekendörn
24802 Emkendorf

12 Erleben
Langwedel

Nochmal die Schulbank drücken

In einem der ältesten Gebäude Langwedels von 1764, der alten Schule, hat der 1994 gegründete Museumsverein des Ortes ein kleines Schul- und Dorfmuseum untergebracht. In der alten Schoolstuv mit Schulbänken aus der Zeit um 1900, Schiefertafel, Modellen, Wandtafeln und Rechenbrett (Abakus) kann man sich in frühere Schulzeiten zurückversetzt fühlen. In der Diele und in der Remise werden zahlreiche hauswirtschaftliche und landwirtschaftliche Geräte, Werkzeuge und Maschinen gezeigt, die den Menschen in früheren Zeiten das beschwerliche Landleben erleichtert haben.

Schoolkat Langwedel
Nortorfer Straße 5
24631 Langwedel
T. 04329 10 20
www.schoolkat-langwedel.de
Juli bis September: So 14–18 Uhr

13 Erleben
Schülp

Golf und Fußball der besonderen Art

Golf- und Fußballspieler werden die Nase rümpfen, aber eine Gaudi ist es trotzdem, ein paar sportliche Stunden beim Swingolf oder Fußballgolf in Schülp zu verbringen. Das dortige Landhotel Möllhagen bietet nicht nur Übernachtungsmöglichkeiten, sondern auch eine Anlage, auf der man wie beim Golfspiel mit einem allerdings deutlich größeren Schläger und Ball versucht, mit möglichst wenigen Schlägen den Ball einzulochen. Hierbei ist weder eine aufwändige, eigene Ausrüstung, eine Platzreife oder eine Mitgliedschaft notwendig. Diese aus Frankreich stammende Golfvariante ist leicht erlernbar. Ähnlich wie beim aus Schweden stammenden Fußballgolf, auch Soccergolf genannt, geht es bei dieser Mischung aus Golf und Fußball ebenfalls darum, einen Fußball mit wenigen Schüssen auf 18 unterschiedlichen Bahnen in entsprechenden Löchern unterzubringen.

Landhotel, Restaurant und SwinGolf Möllhagen
Möllhagen 5
24589 Schülp
T. 04392 91 760
www.moellhagen.net
Di–So ab 10 Uhr

14 Entdecken
Nortorf

Skulpturen im Stadtpark

Im Jahr 1987 wurde, initiiert durch den Nortorfer Kurt Hammer, der Skulpturenpark im Nortorfer Stadtpark mit zunächst elf ersten Exponaten eröffnet. Heute sind es aktuell 22 Skulpturen, die Besucher des Stadtparks mit seinem vielfältigen Baumbestand besichtigen können. Es sind Werke schleswig-holsteinischer Künstler oder solcher, die in irgendeiner Weise eng mit dem Land verbunden sind. Die Kunstwerke gehören zu verschiedenen Stilrichtungen und stammen fast alle aus der zweiten Hälfte des 20. Jahrhunderts.

Skulpturenpark Nortorf
Am Stadtpark
24589 Nortorf
T. 04392 21 59
www.museen-sh.de/museum/DE-MUS-318712

15 Erleben
Nortorf

Aus der großen Zeit der Schallplatte

Das 2002 in Nortorf eröffnete Deutsche Schallplattenmuseum zeigt die Entwicklung der Schallplatte und ihrer Herstellung sowie unterschiedliche Abspielgeräte der Scheiben. Nortorf gilt als „Stadt der Schallplatte“. Ab 1948 wurden hier Schallplatten produziert. Ab 1950 ist die Produktion mit dem Namen der Telefunken Decca Schallplatten GmbH (TELDEC) verbunden, die bis Ende der 1980er-Jahre in Nortorf produzierte. Den höchsten Mitarbeiterstand mit über tausend Mitarbeitern gab es Anfang der 1960er-Jahre. In der Anfangszeit, aber noch bis 1959, wurden Schelllackplatten produziert, später nur noch Vinylplatten, deren Produktion aber auch bereits ab 1951 in Nortorf begann. Insgesamt dürften etwa 850 000 000 Schallplatten das TELDEC-Werk in Nortorf verlassen haben.

Deutsches Schallplattenmuseum
Jungfernstieg 6
24589 Nortorf
T. 0157 85 50 15 75
www.museum-nortorf.de
So 14–17 Uhr

16 Entdecken
Bordesholm

Ein gotisches Schmuckstück am Bordesholmer See

Das 1127 von Vicelin in Neumünster gegründete Kloster wurde 200 Jahre später nach Bordesholm umgesiedelt. Die gotische Klosterkirche stammt aus dem Jahr 1332 und stellt heute das letzte erhaltene Bauwerk aus der Klosterzeit dar. Besichtigungen und Führungen durch die nett am Bordesholmer See auf der Klosterinsel gelegene Anlage ebenso wie ein Besuch der beliebten Musikveranstaltungen und Konzerte in der Kirche sind möglich. Ein Spaziergang am Bordesholmer See und durch die Gartenanlagen wie dem Amtsmannpark, ein Landschaftspark am Ufer des Sees, durch den Alten Kirchhof und den Innenhof mit seinem kleinen Kräutergarten sind zu empfehlen. Die eindrucksvolle, etwa 700 Jahre alte Winterlinde aus der Anfangszeit des Klosters auf dem Vorplatz musste leider aus Sicherheitsgründen kürzlich radikal zurückgesägt werden, weil sie stark vom Brandkrustenpilz befallen war.

Klosterkirche Bordesholm
Lindenplatz
24582 Bordesholm
T. 04322 27 65
www.kirchebordesholm.de
tgl. 9–17 Uhr, Führungen nach Absprache

17 Entdecken
Bordesholm

Auf den Spuren der Stadtökologie

Auch in der Stadt und in den Randbereichen gibt es viel Natur und ökologische Phänomene, die der Beachtung würdig sind. In Bordesholm existiert seit 1994 ein Ökopfad mit 30 Stationspunkten, die überwiegend mit Schildern markiert sind. Ein entsprechendes Faltblatt mit einer Karte ist erhältlich. Es werden Einzelbäume wie die bekannte Klosterlinde, eine Hainbuche, eine Platane und eine Pappel angesteuert. Aber auch Lebensräume und Habitate wie die Pflasterfugenvegetation, Alleen, Erlenbrüche, eine Streuobstwiese, eine Feuchtwiese und ein Hochzeitswald liegen u. a. entlang des Pfades. Darüber hinaus gibt es auch einen Kulturwanderweg in Bordesholm.

Bordesholmer Ökopfad
www.bordesholm.de/oekopfad

18 Entdecken
Neumünster

Besuch eines Hochmoores

Das Dosenmoor im Süden Neumünsters ist mit einer Fläche von 521 Hektar das größte Hochmoor im Osten Schleswig-Holsteins. Verschiedene Wanderwege (circa 13 Kilometer ausgeschildert) und

ein Lehrpfad (Foto) führen durch das renaturierte Hochmoor und vermitteln einen Eindruck von der Stille, Schönheit und Natur dieses einst für die norddeutsche Tiefebene so charakteristischen Lebensraums. Wollgras, Sonnentau, Sumpfblutauge, Moorfrosch, Großer Brachvogel, Kranich oder Kreuzotter sind nur einige der Organismen, die man auf den Pfaden durch das Moor entdecken kann. Ein kleines Informationszentrum, das im ehemaligen Torfwerk untergebracht ist, liegt am Rande des Moores. Auch eine Umwanderung des nahe gelegenen Einfelder Sees (circa neun Kilometer) ist lohnend. Im Anschluss kann man im gemütlichen Restaurant „Schanze am

See“ einkehren, entweder zur gehobenen deutschen Küche oder zu selbstgemachtem Kuchen und Kaffee.

Info-Zentrum Dosenmoor (IZD)
Am Moor 99
24536 Neumünster
T. 04321 75 53 73

19 **Erleben**
Bordesholm/Kiel

Wanderung durch das Urstromtal der Eider

Der größte Fluss Schleswig-Holsteins, die Eider, schlängelt sich zwischen Bordesholm und Kiel durch ein breites Tal, das einst der Urstrom der Eider mit dem Abschmelzen des Eises der letzten Eiszeit durch die Schmelzwasser geformt hat. Eine schöne Wanderung von etwa elf Kilometern kann man vom Schulensee in Kiel über Flintbek nach Bordesholm unternehmen. Die Rückkehr ist per Bahn von Flintbek auf halber Strecke und von Bordesholm möglich. Vom Schulensee fließt die Eider weiter in Richtung Westensee, den sie auf ihrem weiteren Weg gen Nordsee durchfließt. Auf dem Eidertal-Wanderweg eröffnen sich schöne Ausblicke auf die wieder vernässten Niedermoore und extensiven Feuchtgrünländer zwischen den Talhängen. Koniks, Galloways und vor allem Heckrinder (eine Rückzüchtung der Auerochsen) beweiden die Flächen. Geflecktes Knabenkraut, Moosbeeren, Echte Schlüsselblumen und Sumpfdotterblumen säumen den Weg, Rotmilan und Rohrweihe segeln über der Niederung und erfreuen den Wanderer. Sehenswert sind die Blaue Brücke, eine einzigartige Eisenkonstruktion von 1865, sowie die alte Feldsteinbrücke bei Reesdorf.

Eidertal-Wanderweg
www.mittel-holstein.de/aktiv/wandern/eidertal-wanderweg.html

Rendsburg

1 Erleben
Rendsburg

Klassizistischer Blickfang im Zentrum

Eine der optisch auffallenden architektonischen Schönheiten der Stadt ist das 1901 als Stadthalle eröffnete Stadttheater, das auf dem zugeschütteten Holstengraben errichtet wurde. Es ist eine der Spielstätten des Schleswig-Holsteinischen Landestheaters und Sinfonieorchesters. Hier sind nicht nur Schauspiel, Ballett und Musiktheater zu Hause, sondern auch Konzerte sowie Puppenspiele und Kinder- und Jugendtheater. Neben dem großen Haus finden kleine Schauspielproduktionen und Veranstaltungen auch in der Studiobühne der Kammerspiele, im Theaterfoyer und im Roten Foyer statt.

Stadttheater Rendsburg
Hans-Heinrich Beisenkötter-Platz 1
24768 Rendsburg
T. 04331 14 000 u. 23 447
www.sh-landestheater.de/spielstaetten/rendsburg

2 Entdecken
Rendsburg

Eine Stadterkundung der besonderen Art

Wer die Stadt durchstreift, stolpert des Öfteren über eine blaue Linie. Sie ermöglicht eine Stadterkundung der besonderen Art. Auf einer Strecke von 3,2 Kilometer werden die wesentlichen Sehenswürdigkeiten im Zentrum Rendsburgs angesteuert. Auf eigene Faust und mit dem Faltblatt der Tourist-Information in der Hand kann der Besucher mithilfe der blue line, wie sie auch genannt wird, 30 Attraktionen auf dem Rundgang passieren oder besichtigen. Dazu gehören die St. Marienkirche, das historische Rathaus, der Schlossplatz, das Kulturzentrum, das Jüdische Museum, die Hauptwache, das Lornsendenkmal, das Stadttheater, das älteste Bürgerhaus der Stadt „Zum Landsknecht" und diverse weitere Sehenswürdigkeiten.

Die Blaue Linie
Tourist-Information Nord-Ostsee-Kanal
Altes Rathaus, Altstädter Markt
24768 Rendsburg
T. 04331 21 120
www.tinok.de
www.rendsburg.de

3 Entdecken Rendsburg

Jüdische Geschichte und Tradition im Norden

Es begann eigentlich recht positiv. Rendsburg war wie Friedrichstadt, Glückstadt und andere eine sogenannte Toleranzstadt, in der ab Ende des 17. Jahrhunderts ein auskömmliches, wenn auch teilweise eingeschränktes Leben für die jüdische Minderheit möglich war. 1732 wurde die erste Synagoge erbaut und später eine Talmud-Tora-Schule eingerichtet. In der NS-Zeit folgte eines der finstersten Kapitel deutscher Geschichte, das mit der Judenverfolgung auch in Rendsburg zur Erlö-

schung des dortigen jüdischen Lebens führte. Das Gebäude der 1844/45 an der gleichen Stelle wie der Vorgängerbau errichteten neuen Synagoge, in der sich das heutige Museum befindet, wurde 1939 nur deswegen erhalten, weil eine Fischhandlung Interesse an dem großen Gebäudekomplex hatte. 1988 wurde durch die Initiative des Rendsburger Kulturkreises in der Synagoge unter dem Namen Dr.-Bamberger-Haus zusammen mit der Talmud-Tora-Schule eines der ersten Jüdischen Museen der Nachkriegszeit eingerichtet. Die Vermittlung jüdischer Geschichte, Tradition und Religion im Norden Deutschlands ist das Hauptanliegen der Dauer- und Wechselausstellungen im Museum.

Jüdisches Museum Rendsburg
Prinzessinstraße 7–8
24768 Rendsburg
T. 04331 44 04 33
www.jmrd.de
Di–Sa 12–17 Uhr, So 10–17 Uhr

4 Erleben
Rendsburg

Der Stadtgeschichte auf der Spur

Die Tourist-Information veranstaltet Stadtführungen zu unterschiedlichen Aspekten der Rendsburger Geschichte. Das mittelalterliche Rendsburg kann man mit einem Nachtwächter oder einer Nachtwächterin erkunden. Mit dem Leben Rendsburger Frauen, die hier vom 17. bis 20. Jahrhundert wohnten, kann man sich unter dem Titel „Von Huren, Hexen und Hausmädchen“ befassen. Die Erzählungen der Stutentrine, einer Symbolfigur der Stadt, die dort von 1875 bis 1908 lebte, sind ebenso ein Führungsthema wie das Leben und die Schicksale Rendsburger Juden von 1933 bis 1945. Die sogenannte Stuhl-Parade ist eine Zeitreise durch die Geschichte der Stadt, die auf dem Paradeplatz stattfindet.

Stadtführung zur Stadtgeschichte

Tourist-Information Nord-Ostsee-Kanal
Altes Rathaus, Altstädter Markt
24768 Rendsburg
T. 04331 21 120
www.tinok.de
www.rendsburg.de

5 Entdecken
Rendsburg

Stadt- und Druckereigeschichte

Die dreiflügelige, barocke, 1695 errichtete Festungsanlage des Hohen Arsenals diente über die Jahrhunderte militärischen Zwecken. 1989 wurde hier das städtische Kulturzentrum eingerichtet, in dem sich neben Veranstaltungsräumen, der Stadtbücherei und der Volkshochschule zwei der städtischen Museen befinden: das Historische Museum und das Druckmuseum. In Ersterem finden wir detailgetreue Stadtmodelle, Informationen zum Eider- und Nord-Ostsee-Kanal, eine Blechspielzeugsammlung, die Originaleinrichtung eines Eisenwarenladens sowie weitere Exponate zur Stadtgeschichte. Das Druckmuseum zeigt die Entwicklung des Druckgewerbes von Gutenbergs Einzellettern bis zur Digitalsatzanlage.

Museen im Kulturzentrum

Arsenalstraße 2–10
24768 Rendsburg
T. 04331 33 13 36
www.museen-rendsburg.de
Di–Fr 10–18 Uhr,
Sa u. So 10–17 Uhr

6 Genießen
Rendsburg

Das älteste Kino des Landes

Das Kinocenter beherbergt die drei ehemaligen Kinos „Elektra", „Capitol" und „Tonhalle" unter einem Dach, darunter das mit über hundert Jahren älteste Kino in Schleswig-Holstein. Auch das Schauburg Filmtheater am Altstädter Markt befindet sich bereits seit 1927 an seinem heutigen Standort und besitzt sechs Leinwände. In den gemütlichen Sesseln, zum Teil mit Tischen und Getränkeservice, kann man nicht nur die neuesten Filme, sondern ebenso Klassiker, Dokumentarfilme oder Live-Events genießen. Die beiden Lichtspieltheater veranstalten auch zusammen das alljährliche Open-Air-Kino und das Norddeutsche Filmfest.

Kinocenter Rendsburg
Wallstraße 25
24768 Rendsburg
T. 04331 22 916
www.kinocenter-rendsburg.de

Schauburg Filmtheater
Schleifmühlenstraße 8
24768 Rendsburg
T. 04331 23 777
www.schauburg-filmtheater.de

7 Entdecken
Rendsburg

Fair gehandelt

Sie brauchen noch ein Mitbringsel für die lieben Daheimgebliebenen? Vielleicht werden Sie im Weltladen Rendsburg fündig. Es gibt neben Kaffee, Tee, Honig, Süßwaren und Wein auch Kunsthandwerk, Kerzen, Kinderspielzeug, Kalender, Textilien, Schmuck und vieles mehr. Und Sie können alle Produkte ruhigen Gewissens kaufen – alles fair gehandelt. Zu den Standards gehören u. a. bessere Arbeitsbedingungen ohne Kinder- und Zwangsarbeit, faire Handelspraktiken, faire Preise, Diskriminierungsverbot, Transparenz und Verantwortlichkeit.

Weltladen Rendsburg
Nienstadtstraße 9
24768 Rendsburg
T. 04331 77 06 333
www.weltlaeden.de/rendsburg
Mo–Fr 10–18 Uhr, Sa 10–12.30 Uhr

8 Erleben
Rendsburg

Ganzjähriger Badegenuss

Im Schwimmzentrum Aquacity direkt an der Eider kann man von Mai bis September im 25 Grad warmen Wasser des Freibades und der angrenzenden Liegewiese den Tag genießen. Für die ganz Mutigen geht die Sprungturmhöhe bis auf zehn Meter. Die Hallenbad-Saison erstreckt sich von Oktober bis April. Hier gibt es ein eigenes Außenbecken mit Wildwasserkanal, eine 80 Meter lange Riesenrutsche und einen Saunabereich mit einer Bio-Sauna (60 Grad) und einer Finnischen Sauna (90 Grad).

Aquacity Rendsburg
An der Untereider 29–31
24768 Rendsburg
T. 04331 20 96 00
www.schwimmzentrum-rendsburg.de
Mo 9–20 Uhr, Di–Fr 6–20 Uhr, Sa u. So 9–19 Uhr

9 Erleben
Rendsburg

Rendsburger Schifffahrts- und Reedereigeschichte

Das bereits 1697 erbaute Haus in der Königstraße beherbergt heute auf einer Fläche von 550 Quadratmetern ein besonderes Schifffahrtsarchiv. Der Rendsburger Reeder Dr. Jens-Peter Schlüter hat mit seiner Stiftung, seinem Engagement und seiner persönlichen Sammlung der Stadt Rendsburg ein besonderes Geschenk gemacht. Anhand zahlreicher Exponate werden die Rendsburger Schifffahrtsgeschichte, die Entwicklung der Reedereien der Stadt, insbesondere die der Reederei Karl Schlüter, und der Werftalltag dargestellt.

Rendsburger Schifffahrtsarchiv
Königstraße 5
24768 Rendsburg
T. 04331 43 79 376
www.rendsburger-schifffahrtsarchiv.de
Mi 15–18 Uhr, Sa 11–13 Uhr

10 Entdecken Rendsburg

Ampere, Volt und Watt

Wie wichtig Strom und Elektrik für uns sind, merkt man vor allem dann, wenn er mal ausfällt. Bei einem Stromausfall fehlen Licht, Wärme, Antriebsmöglichkeiten, Kommunikation und Information sind dann nur sehr eingeschränkt möglich. Die Bedeutung und Entwicklung der Elektrizität seit Beginn des 20. Jahrhunderts bis heute beleuchtet das Elektro-Museum in Rendsburg. Es befindet sich stilecht in dem ehemaligen Verwaltungsgebäude des Energieversorgers Schleswag. Das villenähnliche Anwesen wurde 1920 von dem Architekten Fritz Höger errichtet.

Elektro-Museum Rendsburg
Stormstraße 1
24768 Rendsburg
T. 04106 62 92 464
www.elektromuseum-rendsburg.de
Di 10–12 u. 14–16 Uhr,
Gruppentermine auf Anfrage

11 Entdecken Rendsburg

Museumsstellwerk

Das direkt am Bahnhof gelegene Stellwerk Rendsburg wurde 1910 erbaut und ging 1983 in den Ruhestand. Seit 1992 wird die denkmalgeschützte Anlage als Museum genutzt und von der Museumsgruppe Stellwerk „Rn" unterhalten. Zu besichtigen sind u. a. eine Schrankenanlage mit Läutwerk, Signale, ein Gleisfahrrad, Lagepläne, Eisenbahnkarten, Uniformen und Traditionsfahnen. Im Versammlungsraum sind Bilder vom Kanalbau und der Errichtung der Eisenbahnhochbrücke zu sehen. Im Wärter- und Befehlsstellwerk steht neben dem Block- und Hebelwerk auch der Arbeitsplatz-Schreibtisch des Wärters, der aussieht, als wäre der gerade mal eben weggegangen, um sich einen Kaffee zu holen.

Museumsstellwerk Rendsburg „Rn"
Am Bahnhof 22
24768 Rendsburg
T. 04331 33 92 15
www.museumsstellwerk-rendsburg.de
jeder angezeigte So 14–17 Uhr,
Mi 9–11 Uhr u. nach Vereinbarung

12 Erleben
Rendsburg

Die ruhige Kugel schieben

Ballspaß mit Kugeln unterschiedlicher Größe gibt es in Rendsburg beispielsweise beim Minigolf, beim Bowling oder beim Boule. Mit Blick auf den Kanal kann man auf dem Minigolfplatz am Kanalufer versuchen, die Kugel mit möglichst wenigen Schlägen in die Löcher der 18 Stationen zu befördern.
Im Bowlingcenter in der Grafenstraße geht es darum, mit den gelochten Kugeln möglichst viele der zehn Pins umzulegen. Besondere Attraktion ist das Discobowling unter Schwarzlicht.
Auf der Boule-Anlage „Saubändiger" am Stadtsee hinter der Herderschule fühlt man sich ein bisschen wie in Frankreich, wo das auch als Pétanque bezeichnete Kugelspiel in jedem Dorf auf öffentlichen Plätzen stattfindet. Die eigenen Boulekugeln muss man hier allerdings dabei haben.

Miniatur Bahnengolf Rendsburg am NOK
Kanalufer
24768 Rendsburg
T. 04331 14 90 09

DAB-Bowling
Grafenstraße 4
24768 Rendsburg
T. 04331 21 644
www.bowling-rendsburg.de

„Saubändiger" Rendsburg
Am Stadtsee 2
24768 Rendsburg
T. 04331 21 693
www.saubaendiger.jimdo.com

13 Entdecken
Rendsburg

Landwirtschaftliche Traditionsmesse

Die Norla ist die Landwirtschafts- und Verbrauchermesse im Norden. Das Angebot an modernen landwirtschaftlichen Maschinen lässt das Herz eines jeden Landwirts und Technikbegeisterten höher schlagen. Zudem bieten die etwa 500 Aussteller der Norla Informationen über Stalltechnik, erneuerbare Energien und Tierhaltung. Auf dem Bauernmarkt gibt es zahlreiche regionale Produkte und Spezialitäten. Weitere Veranstaltungen der Messe Rendsburg sind die Pflanzen- und Gartenmesse Flora, Trödel- und Oldtimermärkte sowie die Pferdemesse Nord-Ost-Pferd oder Reitsportveranstaltungen wie die Mounted Games.

norla Messe Rendsburg
Grüner Kamp 15–17
24768 Rendsburg
T. 04331 94 53 420
www.messerendsburg.de

14 Erleben
Westerrönfeld

Spieleparadies für die Kleinen

Das Pepelino in Westerrönfeld bietet den kleinen Besuchern auf einer Fläche von 2000 Quadratmetern zahlreiche Spielgeräte und Attraktionen: Eine zweibahnige Riesenrutsche, eine Walrutsche, eine Kletterwand, eine Softballschussanlage, Bobby-Cars und eine Hüpfburg sind nur einige Beispiele. Auf einem Multifunktionsspielfeld kann man Fußball, Basketball oder Feldhockey spielen. Besonders beliebt ist das Spieleparadies für Kindergeburtstagsfeiern. Erwachsene Begleitpersonen müssen – je nach Belegung der Anlage – allerdings mit einem erheblichen Lärmpegel rechnen.

Pepelino Spieleparadies
Am Busbahnhof 16
24784 Westerrönfeld
T. 04331 43 70 909

15 Entdecken
Büdelsdorf

Künstlerisches Alteisen

Gusseiserne Objekte von der Renaissance bis in die Gegenwart aus Asien und Europa sind im Eisenkunstgussmuseum zu bestaunen, das sich gegenüber dem Industriegelände der ehemaligen Eisengießerei Carlshütte in Büdelsdorf befindet. Ein Sammlungsschwerpunkt sind die Produkte der Carlshütte, die die Initiatorin des Museums, Käte Ahlmann, mehrere Jahrzehnte leitete. 1963 wurde das Museum zur Aufbewahrung der vorhandenen Sammlung von Gusseisen und Kunstguss als Privatmuseum eröffnet. Seit 2010 gehört das Museum zur Stiftung Schleswig-Holsteinische Landesmuseen Schloss Gottorf.

Eisenkunstgussmuseum Büdelsdorf
Ahlmannallee 5
24782 Büdelsdorf
T. 04331 43 37 022
www.das-eisen.de
Di–So 12–17 Uhr

16 Erleben
Büdelsdorf

Zeitgenössische Kunst in der Carlshütte

In der ehemaligen Eisengießerei der Carlshütte präsentiert die Nord-Art seit 1999 eine der größten Ausstellungen zeitgenössischer Kunst in Europa. Nicht nur in den historischen Industriehallen, sondern auch auf dem weitläufigen Parkgelände werden alljährlich Skulpturen (Foto), Bilder, Fotografien und Installationen internationaler zeitgenössischer Künstler präsentiert. In jedem Jahr widmet die NordArt einem anderen Land einen eigenen Pavillon. Während der Kunstausstellung befindet sich in der Alten Meierei aus dem Jahr 1800 das Ausstellungscafé.

NordArt
Vorwerksallee
24782 Büdelsdorf
T. 04331 35 46 95
www.nordart.de
jedes Jahr von Anfang Juni bis Mitte Oktober

17 Entdecken
Rendsburg

Stadt-Wahrzeichen über dem Nord-Ostsee-Kanal

Auf einer Zugfahrt von Hamburg Richtung Norden überquert man bei Rendsburg den Nord-Ostsee-Kanal auf einem der bedeutendsten technischen Bauwerke Deutschlands, der Rendsburger Eisenbahnhochbrücke, auch liebevoll die Eiserne Lady genannt. Von oben kann man bereits einen Blick auf den Bahnhof der Stadt werfen, aber zunächst muss man in einer 4,5 Kilometer langen Schleife die Stadt umrunden, um dann, nachdem man die Bahnlinie unterquert hat, endlich in den Bahnhof einfahren zu können. Die eindrucksvolle, 1911 bis 1913 erbaute mehrere Tausend Tonnen schwere Stahlkonstruktion ist das seit 1988 denkmalgeschützte Wahrzeichen der Stadt. Ein weiteres technisches Denkmal ist die an der Brücke aufgehängte Schwebfähre für Fahrzeuge, Radfahrer und Fußgänger, die allerdings nach einer schweren Kollision mit einem Seeschiff im Jahr 2016 noch nicht wieder in Betrieb gehen konnte.

Einen herrlichen Blick auf den Kanal und die umliegende Landschaft ermöglicht die von der Tourist-Information Rendsburg

organisierte Hochbrücken-Führung auf den 40 Meter hohen Süd-Treppenturm der Brücke. 178 Stufen sind vom Brückenfuß bis zur Aussichtsplattform zu überwinden.

Hochbrückenführungen
Infos und Buchung:
T. 04331 21 120
www.rendsburger-hochbruecke.de
Mai bis September:
So 14–15.30 Uhr

18 Entdecken
Rendsburg

Wanderung zu Lebensweisheiten und Zitaten
„Die wahre Lebensweisheit besteht darin, im Alltäglichen das Wunderbare zu sehen." Diese und zahlreiche weitere Sinnsprüche, Zitate und Aphorismen finden Sie am Nord-Ostsee-Kanal (NOK) auf dem Sinnweg in Stein gemeißelt. Am nördlichen Ufer des NOK zwischen der Alten Lotsenstation (Nübbel) und dem Rendsburger Kreishafen (3,5 Kilometer) sowie am südlichen Ufer zwischen der Neuen Lotsenstation (Rüsterberge) und dem Anleger der NOK-Fähre Schacht-Audorf (6,5 Kilometer) werden dem Wanderer diese (Sinn)steine in den Weg gelegt. Alte Grabsteine, in deren Rückseite die Weisheiten, Rätsel und Zitate gehauen werden, finden so eine neue Verwendung. Mitmachen kann jeder als Einzelperson, Firma, Verein oder Gruppe und einen eigenen Stein stiften. So hat die Radsportgemeinschaft Eckernförde einen Stein mit dem Zitat des ehemaligen amerikanischen Präsidenten John F. Kennedy zwischen die Platten des Betonspurweges legen lassen: „Nichts ist vergleichbar mit dem simplen Vergnügen einer Radfahrt."

Sinnweg
24768 Rendsburg
www.sinnweg.de

19 **Erleben & Genießen**
Rendsburg

Willkommensgruß an die vorbeifahrenden Schiffe

Wie das Willkomm-Höft in Wedel auf der Elbe nach Hamburg einfahrende Schiffe begrüßt, so werden in Rendsburg die auf dem Nord-Ostsee-Kanal vorbeifahrende Schiffe durch Dippen der Nationalflagge und Anspielen der jeweiligen Nationalhymnen willkommen geheißen. Die Kapitäne der Schiffsbegrüßungsanlage geben den Besuchern aber auch zahlreiche Informationen über Start und Ziel, Ladung und Besonderheiten sowie Geschichte der vorbeigleitenden Schiffe. Mit Blick auf die Eisenbahnhochbrücke und die Schwebfähre (wenn sie hoffentlich bald wieder in Betrieb gegangen ist) kann der Besucher des anliegenden Restaurants und Cafés „Brückenterrassen" bei gutbürgerlicher Küche den vorbeifahrenden Schiffen zusehen und seinem Fernweh freien Lauf lassen. Besonders beliebt sind die Kanalpassagen der Traumschiffe (s. Tipp 22). Wenn eines der mehr als hundert Luxusliner von April bis Oktober die Kanalroute nutzt, kann es auf der Terrasse und im Restaurant schon mal recht voll werden.

Brückenterrassen – Café & Restaurant
Am Kreishafen 36
24768 Rendsburg
T. 04331 22 002
Auskunft über den Schiffsverkehr auf dem NOK: T. 04331 57 316
www.brueckenterrassen.de

20 Entdecken Rendsburg

Die längste Bank der Welt

Oft sind die Parkbänke schon besetzt, auf denen man gern Platz nehmen möchte. Dies dürfte am Nordufer des Nord-Ostsee-Kanals westlich von Rendsburg kein Problem sein. Hier steht die mit 575,75 Metern längste Bank der Welt, wo eigentlich stets ein Plätzchen zum Ausruhen mit dem herrlichen Blick auf die vorbeischippernden Pötte frei sein sollte. Den Rekord mussten sich die Rendsburger im Jahr 2014 zurück erobern. 25 Jahre zuvor hatten sie bereits die längste Bank der Welt, mussten diesen Titel aber 2007 an Ronneberg in Thüringen abgeben, die im Rahmen der damaligen Bundesgartenschau eine 49 Meter längere Konstruktion vorweisen konnten.

Die längste Bank der Welt
Kanalufer
24768 Rendsburg

21 Erleben Rendsburg

Schiffstouren auf dem Kanal

Das Highlight für Nostalgiker ist eine Fahrt mit dem historischen Raddampfer *Freya* (Foto), der zwischen Rendsburg und Kiel hin und her fährt, aber auch das andere Ende des Nord-Ostsee-Kanals (NOK) in Brunsbüttel an der Elbmündung ansteuert. Das Restaurantschiff *MS Princess*, das seinen Heimathafen in Rendsburg hat, gehört auch zur Adlerreederei und fährt neben den Kanalstrecken zwischen Kiel, Rendsburg und Brunsbüttel sogar bis nach Hamburg. Die Strecke Kiel–Rendsburg wird auch von der Friedrichstädter Grachten- und Treeneschifffahrt bedient; auf Anfrage sind Fahrten von und nach Friedrichstadt möglich. Besonders reizvoll ist die Kanalfahrt zur Zeit der Rapsblüte im Mai, wenn die schleswig-holsteinische Landschaft in leuchtendes Gelb getaucht ist.

Schiffstouren auf dem Nord-Ostsee-Kanal

Adler-Schiffe
T. 04651 98 70 888
www.adler-schiffe.de

Friedrichstädter Grachten- und Treeneschifffahrt Günther Schröder
T. 04881 87 63 95 u. 73 65
www.grachtenschifffahrt.de

22 Erleben Rendsburg

Traumschiffe inmitten der Landschaft

Es ist schon ein erhabener Anblick, wenn die hoch aufragenden Luxusliner durch die schleswig-holsteinische Landschaft gleiten, gesäumt von grünen Maisfeldern, gelben Rapsäckern, Knicks und kleinen Gehölzen. Bei Dunkelheit mit voller Deckbeleuchtung des Schiffes ist es ebenfalls ein grandioser Eindruck. Die Passagierschiffe sparen sich nicht nur die längere Fahrt um Skagen, sondern können auch ihren Gästen auf der 98,6 Kilometer langen Nord-Ostsee-Kanal-Strecke zwischen der Elbe bei Brunsbüttel und der Kieler Förde bei Holtenau einige schöne Abwechslungen und interessante Landschaftsimpressionen bieten. Wenn eines der etwa hundert Traumschiffe pro Saison, die circa sechs bis acht Stunden für die Kanalpassage benötigen, den Kanal passiert, sind die Kanalufer, Brücken, Fähren und Restaurants mitunter dicht mit „Sehleuten" gesäumt, die winkend, fotografierend und staunend der gemächlichen Kanaldurchfahrt der Traumschiffe beiwohnen.

Traumschiffe im Kanal
T. 04331 25 564
www.traumschiffe-im-kanal.de
www.brueckenbote.de/kreuzfahrtschiffe

23 Genießen
Rade

Kanal-Aal, Hecht und Zander

Bei Brauer's Aalkate können Sie mit etwas Glück einem der letzten Kanalfischer bei der Arbeit zusehen und auf jeden Fall von der Außenterrasse den Ausblick auf den Nord-Ostsee-Kanal (NOK) und die vorbeifahrenden Schiffe genießen. Überwiegend aus eigenem Fang, eigener Zucht und eigener Räucherei stammen Hering, Scholle, Forelle, Hecht, Aal und Zander und kommen frisch auf den Teller. Es gibt aber auch Fleischgerichte sowie Kaffee und Kuchen. Der NOK ist ein Brackgewässer und es kommen sowohl Salzwasser- als auch Süßwasserfische darin vor. Mit etwa 90 Fisch- und Neunaugenarten besitzt das Kanalgewässer eine relativ artenreiche Fischfauna.

Brauer's Aalkate
Schirnauer See 5
24790 Rade
T. 04331 91 561
www.brauers-aalkate.de
tgl. 11–21 Uhr

24 Erleben
Rendsburg

Die Kanalufer auf zwei Rädern erkunden

Die Versorgungswege, die meist auf beiden Seiten des Nord-Ostsee-Kanals (NOK) als Betonspurwege entlangführen, dürfen von Radfahren genutzt werden, sodass eine beschauliche gut hundert Kilometer lange Radtour zwischen Kiel und Brunsbüttel direkt am Kanalufer mit Blick auf Fracht- und Passagierschiffe möglich ist. Es ist auch einer der Fernradwege des Landes, der allerdings auf einer Strecke von insgesamt 325 Kilometern in mehreren Wegschlaufen auch abseits des Kanals entlangführt. Man kann von Rendsburg aus kleinere Kanaltouren unternehmen, beispielsweise in Richtung Kiel bis zur Fähre Sehestedt oder in Richtung Brunsbüttel bis zur Fähre Breiholz. Organisierte Touren mit Gepäcktransport, Übernachtungen und An- und Abtransfer können auch gebucht werden.

NOK-Route
T. 04331 69 63 844
www.nok-route.de

25 Erleben
Rendsburg

Rendsburg und der ganze Kanal

Im Jahr 2019 findet das große Lichterfest am Nord-Ostsee-Kanal (NOK) zum 13. Mal statt. Jeweils am ersten Samstag im September wird der gesamte Kanal von Brunsbüttel bis Kiel von Tausenden Fackeln, Kerzen, Leuchten, LED-Lampen und Laternen illuminiert. Rund 20 000 Lichter-Fans säumen zur NOK-Romantika die Ufer des Kanals oder fahren mit Booten und Ausflugsschiffen – ebenfalls stimmungsvoll beleuchtet – die meist befahrene Wasserstraße der Welt entlang. Das dauerhaft installierte Licht-Kunstwerk „Passage" an der Rendsburger Eisenbahnhochbrücke über den Kanal trägt zur romantischen Stimmung bei. Es bleibt zu hoffen, dass bald die neue Schwebfähre das Licht wieder von Brückenpfeiler zu Brückenpfeiler über den Kanal wird transportieren können.

NOK-Romantika
www.nok-romantika.de
www.passage-rendsburg.de

26 Erleben
Rendsburg

Das härteste Ruderrennen der Welt

Bereits seit dem Jahr 2001 findet alljährlich ein Ruderrennen der besonderen Art auf dem Nord-Ostsee-Kanal (NOK) statt. Die besten Ruderachter der Welt treten auf der weltweit einzigartigen Distanz von 12,725 Meter gegeneinander an. Die normale Wettkampfdistanz für die Ruderer beträgt sonst 2000 Meter. Der Startpunkt befindet sich auf Höhe der Fähre in Breiholz und die Ziellinie liegt unter der Eisenbahnhochbrücke. Nach 37 bis 38 Minuten ist das prestigeträchtige Rennen, der SH Netz Cup, für die Athleten vorüber. Das ganze Wochenende über finden weitere Rennveranstaltungen sowie ein umfangreiches Musik- und Showprogramm für die Besucher am Kanal statt.

SH Netz Cup
24768 Rendsburg
T. 04331 14 63 03
www.shnetzcup.de

Hans-Dieter Reinke/Daniel Hugenbusch
Schleswig-Holstein
Ostseeküste
Ausflüge in die Natur
176 Seiten mit 151 Abb.
978-3-8319-0680-2

Die vielgestaltige Ostseeküste mit ihren Steilufern, Salzwiesen und Sandstränden ist reich an unberührter Natur und Landschaft. Zudem bietet auch das sanft hügelige und seenreiche Binnenland Interessierten naturkundliche Attraktionen. Museen, Ausstellungen und Info-Zentren berichten sachkundig über die Lebensräume, Schutzgebiete und ihre Tier- und Pflanzenwelt. Das Buch stellt die schönsten Ausflugsziele an der Ostseeküste und im östlichen Binnenland mit den landschaftlich reizvollen Naturparks für Schleswig-Holsteiner und seine Besucher vor. Neben den Landschaften mit ihrer Flora und Fauna werden außerdem Strecken für Rad- und Wandertouren sowie Einkehrmöglichkeiten beschrieben. Wer sich für die Lebensräume im nördlichsten Bundesland interessiert, findet in diesem Buch zahlreiche Anregungen und Hinweise für naturkundliche Erlebnisse und Lernmöglichkeiten.

Schleswig-Holsteinischer Zeitungsverlag sh:z
1001
Tipps für einen schönen Tag in Schleswig-Holstein
290 Seiten mit zahlreichen Abb.
978-3-8319- 0749-6

Die Mitarbeiter der Lokalredaktionen des Schleswig-Holsteinischen Zeitungsverlages (sh:z) sowie des A. Beig-Verlags haben ihre Heimat unter die Lupe genommen und verraten ihre persönlichen Highlights inklusive Geheimtipps im Land zwischen den Meeren. Wer sich schon immer einmal vorgenommen hat, Schleswig-Holstein neu zu entdecken, hat nun den optimalen Reiseführer zur Hand. Egal, ob Sie Wasserratte oder Landgänger sind, Kultur- oder Sportliebhaber, Müßiggänger oder Flaneur – für jeden ist der passende Ausflugsort dabei. Waren Sie schon einmal bei der Bräutigamseiche im Dodauer Forst, in der Bonbonkocherei in Eckernförde oder sind Sie mit der Tauchgondel in Grömitz in die Unterwasserwelt gereist? Wollten Sie längst einmal Klassiker wie das Buddenbrookhaus in Lübeck oder die Karl-May-Spiele in Bad Segeberg besuchen? In diesem Buch erwarten Sie viele Ideen und Anregungen zum Aktiv-sein und Genießen im Land der Horizonte, auf den Inseln, an der Nord- und Ostsee und vom Hamburger Stadtrand bis an die dänische Grenze.
Entdecken Sie Schleswig-Holsteins schönste Seiten!

Bildnachweis
Alle Fotos Reinke/Hugenbusch, außer:
Brauer's Aalkate: S. 235; Clara Hof Destillerie: S. 113; Fotolia: S. 15 (pure-life-pictures); Redaktion sh:z: S. 87; Wikimedia Commons: S. 42 (Telgaa CC-BY-SA 3.0), 45, 114, 177 (Matthias Süßen CC-BY-SA 4.0), 46 (Soenke Rahn CC-BY-SA 4.0), 64 (Eisenkarl1975 CC-BY-SA 3.0), 65 (PodracerHH CC-BY-SA 3.0), 90, 107 l., 140 (Clemensfranz CC-BY-SA 3.0), 102 (Frank Maahs CC-BY-SA 3.0), 107 r. (Pelz CC-BY-SA 3.0), 136 (VentiAmica CC-BY-SA 3.0), 142 (Jörg Braukmann CC-BY-SA 4.0), 143 (Holger.Ellgaard CC-BY-SA 3.0), 196 (Arboe CC-BY-SA 3.0), 197 (KarleHorn CC-BY-SA 3.0), 230 (selber erstellt CC-BY-SA 4.0), 233 (Bernhard Fuchs CC-BY-SA 2.0)

Titelabbildungen (von rechts nach links und von oben nach unten): huber images (Sabine Lubenow), Wikimedia Commons (Telgaa CC-BY-SA 3.0), Fotolia (pure-life-pictures), huber images (Günter Gräfenhain), huber images (Sabine Lubenow), Fotolia (powell83), huber images (Sabine Lubenow)

Alle Angabe in diesem Buch wurden gewissenhaft geprüft. Preise, Öffnungszeiten etc. können sich aber schnell ändern. Daher können Autoren und Verlag keine Gewähr für die Richtigkeit übernehmen.

Stand: Juni 2019

Für Anregungen, Berichtigungen und Ergänzungsvorschläge sind wir dankbar. Bitte senden Sie diese per Email an:
presse@ellert-richter.de

Der Verlag dankt allen, die uns für dieses Buch Bild- und Textmaterial zur Verfügung gestellt haben. Trotz aller Bemühungen ist es uns aber bei einigen wenigen Fotografien nicht gelungen , die Urheber zu ermitteln. Wir bitten diese, sich gegebenenfalls mit uns in Verbindung zu setzen.

Bibliografische Information der Deutschen Nationalbibliothek
Die Deutsche Nationalbibliothek verzeichnet diese Publikation in der Deutschen Nationalbibliografie; detaillierte bibliografische Daten sind im Internet über http://dnb.d-nb.de abrufbar.

ISBN 978-3-8319-0743-4

Text: Hans-Dieter Reinke, Daniel Hugenbusch
Lektorat: Sophie Niemann, Hamburg
Karten: David Hugenbusch, Bonn
Gestaltung: BrücknerAping, Büro für Gestaltung GbR, Bremen
Gesamtherstellung: CPI books GmbH, Leck

www.ellert-richter.de
www.facebook.com/EllertRichterVerlag